A Cultural Reader

教養読本

下宮 忠雄
Tadao Shimomiya

文芸社

ソクラテスとその妻クサンティッペ（本書p.43）

ソクラテスは若者たちに言ったそうだ。きみたち結婚したまえ。良妻だったら幸福になれるよ。悪妻だったら哲学者になれるよ。哲学者は無産だが、頭の中に財産がある。
Xanthíppe ís the crág opáque
Socrátes fóund in márriage láke.（下宮訳）
クサンティッペ（黄色い牝馬の意味）はおぼろに見える岩だ。ソクラテス（秘めた力の意味）は結婚の湖に見つけた。
湖は平穏な水溜りのはずだが、思わぬ障害物がある。
Socratesは英語読みに [ˈsɔkrəti:z] ではなく、古典ギリシア語のように [soːˈkrateːs] と読むと、1行目も2行目も弱強・弱強・弱強・弱強のリズムで読むことができ、-áque, -áke と脚韻を踏む。

まえがき（プロローグ）

『教養読本』は夏目漱石、森鷗外、三浦綾子、アンデルセン、グリム、トルストイなど170項目ほどを採り上げた。『話のくずかご』(2017)を出発点としているが、言語学関係を大幅にけずり、アンデルセン、グリム関係をふやし、ミュンヒハウゼンから3編を入れた。

トルストイの民話「愛あるところに神あり」や「人は何によって生きるか」など、何度読んでも感動させられる。「言語language」「ハイジHeidi」「メーリンガーMeringerの連合中枢」などを再録した。

2018年3月7日　埼玉県所沢市のプチ研究室

下宮忠雄

［挿絵］柳田千冬：

表紙：ソクラテス (p.2)；川と指輪の結婚（ゲーテ, p.36)；自動死体処理器 (p.106)；ハイアワサの歌 (p.142)；やられた (p.180)

［ピックアップ項目］①氷島The Iceland (p.11) 二児を残して蒸発せる妻は杳として行方知れず、わが心は極地に住む氷島人のごときなり；②母親は目が見えませんでしたが、心臓の鼓動からわが子を探しあてました (p.33)；③吉里吉里国 (p.68) 盛岡で乗り換え、吉里吉里駅に着いた。だが私は入国を拒否された。パスポートが必要なのだ；④自動死体処理機 (p.105)；⑤片足の錫の兵隊は、同じ片足の踊子に恋をした (p.106)

主要目次（兼・索引）

まえがき（プロローグ）3　　　あとがき（エピローグ）199

[日本語索引]

1. 作品（童話、民話、伝説、小話）頁順：

愛あるところに神あり 7
アイスランド（氷島）11
アグネーテと人魚 12-25
足摺岬 26
ア・ジャパニーズ・ロビンソン・クルーソー 27-29
あらしが木を吹き飛ばす 30
或る女 32
ある母親の物語 33
イチョウ 35
伊豆の踊子 37
命の水 38
雨月物語 40-41
うた時計 42
エイビーシーの本 43
英文学風物誌 44
エサルハッドン 45
エッダ 46
画の悲しみ 47
エンドウマメの上に寝たお姫さま 51
狼森と笊森、盗森 53
王様と召使 54
王子と乞食 55
おじいさんのランプ 56
大人の眼と子供の眼 57
快走 58
外套 59
カラスとイヌの会話 61
から太鼓 61-66
カレワラ 66

キャラメル工場から 67
吉里吉里人 68
銀河鉄道の夜 68
金の鍵 69
金のガチョウ 70
幸運の長靴 93
コーカサスの虜 94
こころ 95
小人たち 96
小人の贈り物 97
コルネリアの宝石 97
ゴンギツネ 98
三四郎 101
山椒大夫 102
塩狩峠 103
死せる魂 105
自動死体処理機 105
しっかり者の錫の兵隊 106
春琴抄 110
白雪姫 112
すずらん 113
すみれ（ゲーテの詩）114
即興詩人 115
空飛ぶトランク 116
それから 117
太陽物語 118
高瀬舟 119
旅の道連れ 120
知恵の鍵 122
乳房を知らぬ娘 123
月から地球へ 124

徒然草 126
手をなくした少女 126
鉄のストーブ 126
トロッコ 127
ドングリ 127
なきわらい 128
二十四の瞳 131
日本アルプス登頂記 133
野のユリと空飛ぶ鳥 138
伸び支度 140
ハイアワサの歌 141
ハイジ 143-148
破戒 150
白鳥の騎士 152
反戦の詩 154
ヒキガエル 155
人は何によって生きるか 156
一房の葡萄 159
氷点 161
ビルマの竪琴 162
不思議の国のアリス 163

復活 164
フライパンじいさん 165
へび（小学生作文）167
方丈記 61
星の王子さま 168
星の銀貨 169
舞姫 172
マッチ売りの少女 173
蜜柑 174
みなその正しい場所に 175
森は生きている 178
門 179
やられた 180
雪の降る町を 181
妖精と騎士オロフ 182-184
羅生門 189
鯉魚（りぎょ）190
老犬スルタン 192
ロシア旅行 194
ロビンソン・クルーソー 196

2. 作家、人物（アイウエオ順）：

芥川龍之介 127, 174, 189
有島武郎 32,159
アンデルセン 12-25,33,43, 51,93,
106,116,120,155,173,175
五木寛之 197
井上ひさし 68
今道友信 187-188
ウェストン W. 133-136
エリセーエフ 48-50
岡本かの子 58,190
小谷部全一郎 27-29
鴨長明 61
川端康成 37
神沢利子 165
北原白秋 153

キャロル 163
キルケゴール 138
国木田独歩 47
グリム 38,69,70,96,97,108,112,126,
152,169,192
ゲーテ 35,114
ゴーゴリ 59,105
佐多稲子 67
島崎藤村 140,150
竹山道雄 162
谷崎潤一郎 110
田宮虎彦 26
チェンバレン 122,136
寺田寅彦 127
壺井栄 131

土岐善麿　128
徳冨蘆花　34
トルストイ　7,45,61,94,156,164
中原淳一　128
内藤濯　169
中川芳太郎　44
中島敦　54
夏目漱石　95,101,115,117,129,130,166
新美南吉　42,56,98
萩原朔太郎　11
萩原葉子　151
パク・クネ　151
蜂谷弥三郎　153

パッシー　118,166
ボールドウィン　168
松尾芭蕉　49
マルシャーク　178
三浦綾子　103,161
水上瀧太郎　57
宮沢賢治　53,68
ミュンヒハウゼン　30, 124 ,194
森鷗外　102,119,172
与謝野晶子　154
吉田兼好　126
吉屋信子　123
ロングフェロー　141

3. 言語・文法・語源・辞典：

言語　72-92
アルとナイ　33
アメリカン・ヘリテージ辞典　34
いつわりの友　38
グルメ　70
ケルト語と言語学　71
能格　90
C.O.D.とP.O.D.辞典　99
サラリーマン　100
スカイライナー　107
重複　109
君が代英訳　123

パウルのドイツ語辞典　149
罰　154
パロディ　155
フランス語口語入門書　166
ポティエ　170
メーリンガー連合中枢　176
ヨーロッパ語会話書　185
ラルース仏語辞典　189
連濁　191
ロシア語読本　193
ワインとビール　196

4. その他：

雨のブルース　34、アメリカ到達　29、ウィーンの胃袋　39、オックスフォード　57、釜石線　60、かわいそう (pity)　67、ギリシア　68、コーヒー　95、ごはん　96、作詞家　100、スキタイ　108、昭和　111、食糧難　111、書斎　111、漱石山房　115、タヒチ　119、太郎と花子　121、ナマコのごとき　130、日本　132、日本流英語　137、認知症　137、美の壺　160、ピョンヤン　162、ラジオ深夜便　187、ローマ　192、ワープロ　196

Tadao Shimomiya: A Cultural Reader, lectio ad humanitatem. Bungeisha, Tokyo, 2018. Printed in 200 copies.

愛あるところに神あり（Where love is, God is; ロシア語 Gde ljubóv', tam i Bog, 1885）トルストイの『民話』

　靴屋のマルトゥイン・アヴデーイチ（Martyn Avdéich）は地下の小さな部屋に住んでいた。窓の一つは街路に面していて、通行人の足しか見えないが、靴を見ると、それを修繕した客の顔が分かる。近所の人はみな彼に修繕を頼んだものだ。腕がよいし、丁寧だし、よい材料を使い、料金は安かった。だから、仕事はたくさんあった。

　その彼が、親方から独立して一軒の店を構える前に、妻が死んで、3歳の息子を残した。最初、田舎に住む妹に育ててもらおうかと思ったが、やはりかわいそうだ、自分で育てよう、と決めた。その息子がやっと成長してこれから手助けをしてくれると喜んでいた矢先に、息子は熱病のために、1週間後に、あっけなく死んでしまった。マルトゥインは神を恨み、教会へ行くのをやめた。

　故郷の村の老人が、8年間の巡礼のあと、靴屋を訪れた。その彼に自分の悲しみを打ち明けた。これからという時に息子に死なれ、老人の自分は死にたい、と思っても死ねない、と。老人は靴屋を慰めて、こう言った。「聖書を読むと面白いよ。」靴屋は、最初、休日だけに読むつもりでいたが、読み始めると面白くなって、毎晩、仕事のあとに読んだ。読めば読むほど、心が軽くなった。聖書を読み始めるようになって、生活は一変した。以前は休日に飲食店（public-house, ロシア語 traktír ＜

ラテン語tractōria客を扱うところ：イタリア語trattoria
はレストラン）に行って、お茶を飲んだり、ウォトカを
飲むことさえあった。だが、いまは違う。日々の生活は
平和に、楽しくなった。朝、仕事に取りかかり、夕方、
仕事が終わると、壁からランプを降ろして、机の上に立
て（stood it on the table）、本を読んだ。

　ある朝、窓のそとを見ると近所のステパーヌィチが雪
かきをしていた。靴屋は声をかけた。湯沸かし（ロシア
語でサモワール「samo自分でvar沸くもの」）がチンチ
ンと音をたてている。「中へ入って、暖まりなよ。そして
お茶を飲みなよ。」すると雪かき老人は「ありがとう。骨
が痛むよ」と言った。靴屋は「もう一杯どう？」と言っ
て、コップ（tumbler, ロシア語stakán）を立ててもう一
杯注いだ（stood it up again and refilled it for him）。靴
屋がそとを見ているので、雪かき老人が言った。「どなた
かお客さんでもあるのかい？」靴屋が「昨晩、寝ている
とそとで声がするだよ。お迎えが来たのかもしれん。」

　その日の午後、窓のそとを見ていると、ひとりの婦人が
乳飲み子をかかえて、壁によりかかり休んでいた。見知ら
ぬ人だった。薄着の婦人が赤ん坊をあやそうとしたが、泣
きやまない。靴屋は声をかけた。「中へお入りなさい。赤
ちゃんを暖めてやりなさい。」婦人はエプロンを着てメガ
ネをかけた老人を見て、驚いたが、その言葉にしたがっ
て、中に入り、階段を下りた。老人は彼女をベッドに案内
した。「ストーブの近くに腰をかけなさい。身体を暖めて、

それから赤ちゃんにお乳を与えなさい。」「お乳が出ません。私自身、朝から何も食べていないのです」と婦人は言った。老人はお鍋にキャベツを入れてスープを作った。テーブルに布をかけ、スープとパンを置いた。婦人は十字を切って（お祈りして）坐り、食べ始めた。老人は、自分の子供が、これからというときに病気で亡くしたことを語った。それから、目の前にいる赤ん坊を、ベッドに置いて、あやそうとした。自分の指を口元に持って行ったり、ひっこめたりした。最初は泣きやまなかった赤ん坊が、面白がって笑い始めた。婦人は食事をしながら、身の上を話した。「私は兵士の妻です。夫は8か月前に出征しましたが、それから便りがありません。子供が生まれるまでは料理女として雇ってもらっていましたが、子供が生まれてからは、仕事を追い出され、どこも雇ってくれません。」

　靴屋は、ため息をついた。「もっと暖かい衣類はないんですか。」「昨日、最後に残ったショールを質に入れて6ペンス（dvugrivennyj, 2グリヴナ）もらいました。」

　老人は壁にかかっている古い外套を彼女に手渡した。「着ふるしたものだが、赤ちゃんに着せてやりなさい。」彼女は外套と老人を見て、泣き出した。「神様がきっと私をあなたの窓によこしてくれたにちがいありません。でなければ、子供は凍え死んでしまったでしょう。」老人はほほえんで言った。「そうでしょうとも。神様がそう仕向けたのです。私が窓のそとを見たのは偶然ではありません。それから、キリストのためにこれをお取りく

ださい(ロシアの乞食は物乞いをするときにキリストのために与えよ、と言う)。そして、このお金で質に入れたショールを取り戻しなさい」と言った。婦人は感謝して十字を切り、老人も十字を切って彼女を見送った。

　しばらくすると、リンゴ売りの老女が窓のそとで休んでいた。ほとんど売れてしまったらしく、カゴのなかには、いくらも残っていなかった。彼女が途中で拾った木くずをそろえているすきに、一人の少年がリンゴを1個盗もうとした。彼女は少年の髪の毛をつかみ、警察に突き出してやる、と言った。靴屋は急いで外に飛び出し、私がリンゴの代金を払うから、許してやりなさい、と言った。少年は、すなおに謝って、リンゴ売りの老婆の荷物をもってやり、二人なかよく帰って行った。

　その晩、ベッドに横たわっていると、その日に起こったことが、いろいろと思い出された。雪かきの老人ステパーヌィチ、乳飲み子をかかえた婦人、リンゴ売りの老婆が、次々に、夢の中に現れた。そして最後に靴屋のマルトゥイン・アヴデーイチが天国に召されていった。

[ロシア語題名の語釈] gde グジェ 'where'「どこに、…するところに」ljubóv' リュボーフィ「愛」英 love, ド Liebe と同源。英語の 'is' が省略される。tam タム 'there'. i イ 'and, also'. Bog ボーク 'God'「神」原義は「(惜しみなく)与える者」語根 *bhag-.「ありがとう」のロシア語 spasibo スパシーバは「神よ bóže, 救いたまえ spasí」が原義。bo は bóže ボージェ (bog の呼格) より。

アイスランド（Iceland）詩人・萩原朔太郎（1886-1942）の作品。詩集『氷島 The Iceland』(1934) に「二児を残して蒸発せる妻は杳(よう)として行方知れず、わが心は極地に住む氷島人のごときなり」I have no idea where my wife has gone, leaving two children. My mind is like that of an Icelander who lives in the Pole. と歌った（英語は下宮）。妻は若い青年と駆け落ちしてしまったのだ（書名の定冠詞 The は不要だと思うが）。1934-1942の間、明治大学で文芸学を週1回教えていたが、ある晩、泥酔して新宿の交番で不審尋問された。職業を聞かれて、詩人とか文筆と答えたが、分かってもらえなかった。明大の講師をしていると言うと「大学の先生ですか！ それは失礼しました」と放免された。妻が去って4年後、1938年4月、萩原朔太郎（52）は北原白秋（1885-1942）夫妻の媒酌で目黒の雅叙園で再婚した。新妻は詩人・大谷忠一郎の妹・美津子（27）だったが、朔太郎の母は籍に入れることを頑強に許さず、美津子はいじめられ、追い出された。朔太郎はアパートを借りて彼女を住まわせた。

『月に吠える』(1917) の中の「竹」より。光る地面に竹が生え、青竹が生え、地下には竹の根が生え、根がしだいにほそらみ、根の先より繊毛(せんもう)が生え、かすかにけぶる繊毛(せんもう)が生え、かすかにふるえ。かたき地面に竹が生え、地上にするどく竹が生え、まっしぐらに竹が生え、凍れる節節りんりんと、青空のもとに竹が生え。（この個所はテレビ「すずらん」Lily of the valley に出た）

アグネーテと人魚（Agnete and the Merman）

　アンデルセンの2部からなる戯曲詩（1833）。
[登場人物] ゲルトルード：漁師の未亡人。
アグネーテ：その娘。
ヘミング：バイオリン弾き、ゲルトルードの家に下宿。
人魚（の男）：アグネーテに求婚する。
場所：デンマークのオーデンセ・フィヨルド（1106年）

1. アンデルセンは1833年、2部からなる戯曲詩を書いた。デンマークのバラッドに題材をとっている。
2. 第1部はホルメゴーアのアグネーテを、第2部は、今は人魚の妻となったアグネーテを扱っている。

『アグネーテと人魚』第1部：出会いと結婚。
3. アグネーテの父は漁師だった。彼女は海の子だった。産気づいた母親は海岸でアグネーテを産み落とした。彼女は塩の波で洗礼を受けた。彼女は海の子だった。彼女はいつも海を夢見ている。
4. 彼女の父は1106年ごろ、カテガット海峡で死んだ。彼女の母ゲルトルードは、いま未亡人となって、アグネーテと一緒にホルメゴーアに住んでいた。
[注] 父の死の場所と年代をあげているのがアンデルセンの特徴。童話もその場合が多い。Holmegaard は「島の屋敷」の意味で、フューン島の北部にある。holm「島」（Stockholm は材木の島の意味）gaard 'garden'.

5. ヘミングというバイオリン弾きが、ちょくちょく、ゲルトルードの家にやってきたが、そのうち、ゲルトルードの母娘の家に下宿するようになった。

6. ヘミングはアグネーテを愛しているが、彼女のほうでは、違っていた。

7. 波の歌（第1のコーラス）：ごらん、あの岩のそばに、また、あの美しいエバの娘が立っているよ。［女性はみなエバの娘なのである］彼女は夢の中で私たちを見ている。空気のさわやかな流れが彼女の軽やかなドレスを波立たせている間に。

8. 波の歌（第2のコーラス）：娘さん、私にお前を抱かせておくれ。胸を合わせて、一緒に行きましょう。私の胸にお乗り、空に向かって高く舞い上がりましょう。

9. （人魚が歌う）私は一つのお城を知っている。その壁と屋根は緑の波だ。その柱は激しい流れで、クジラやイルカが泳いでいるところだ。

10. アグネーテ：見かけぬお方は、どなたですか。騎士ですか。

11. 人魚：アグネーテ、こんにちは。

12. アグネーテ：あなたは私をご存じなのですか。私はあなたにお会いしたことはございません。あなたは騎士ですね。しかし、このあたりのお方ではありませんね。

13. 人魚：どこへ行くのですか。私たちは隣人同士ではありませんか。あなたは海辺に住んでいる。海は私の故郷です。私が行き来しているところです。

14. アグネーテ：では、あなたは海賊ですの？

15. 人魚：ええ、どうにでもとってください。ときどきすごい獲物があります。しかし、私の道は、ここデンマークだけとは思わないでください。

16. アグネーテ：では、あなたは、そんなに遠くまで行ったことがあるなら、きっと、ゴルゴタ（キリストが処刑された山）や、楽園（パラダイス）の庭をご覧になったのでしょうね。楽園は東のほうに、海のずっと向こうにあるのでしょう？

17. 人魚：私は多くの巡礼者の群れをマホメットの月が十字架の上に輝いているところへ連れて行きました。ギリシアの誇り高い神々の像が、半分壊れて、草の中に隠れて横たわっています。そこで私は知りました。神々でさえ死ななければならないのだと。

18. アグネーテ：おそろしい！　あなたのお話はまったくふしぎです。いったい、あなたはどなたですか。

19. 人魚：私はあなたの忠実な友です、アグネーテ。お元気で。また海辺でお会いしましょう。（去る）

20. アグネーテ：夢だったのかしら。いいえ、頭は、はっきりしていたわ。（草むらに妖精たちが戯れている。最初の妖精は人魚に応援し、別の妖精はヘミングに応援する。翌日、ゲルトルードの部屋で）

21. ヘミング：ぼくは言ったぞ。声を出して彼女にぼくの愛を告げた。彼女は、最初、黙っていたが、ぼくの手を握り、ぼくに言った。ぼくに好意をもっていると。

22. ゲルトルード（涙を浮かべて）：あなたは彼女を愛しているのね。私にはよく分かりますよ。あなたは私にとって、いとしい息子です。私は彼女を無理に金持ちと結婚させるつもりはありません。おたがいに愛しているなら、結婚しなさい！

23. ヘミング：アグネーテ、決まったぞ。お母さんはすべてご存じだ。君はぼくの花嫁だよ。

24. アグネーテ：あなたの花嫁ですって！

25. ゲルトルード：さあ、娘よ。どうしたんだい。しっかりしなさい。ほかに何があるんだい？

26. アグネーテ（考え込んで）：私の結婚式のことを考えていたの。

27. （母ゲルトルードの部屋で）アグネーテ：彼の花嫁ですって！　私が彼の花嫁ですって？　もうじき結婚式だわ。－彼にイエスと返事してしまったんだわ。－いえ、私のくちびるは黙っていたわ。

28. 人魚がひさしぶりに登場。

人魚：アグネーテ、きみの夢の中に現れたぼくを思い出しておくれ。ぼくは忠実で、やさしい男だ。もし勇気があるなら、波に乗って、ぼくについてきてくれないか。

29. アグネーテ：（夢の中で）波に乗ってですって？

30. 人魚：不死の魂よ！　－きみは波の下をくぐって、ぼくについて来る勇気があるかい？　ぼくはきみに海の世界で地上の喜びと幸福を用意してあげるつもりだ！ぼくについて来ておくれ、島の沖の海底に。でなけれ

ば、ぼくは死んでしまう！

31. アグネーテ（夢の中で）：まるで波の歌のように彼の話は私の心に響く。海に、そう、海に私の故郷があるんだわ。そこで私は生まれたんだわ。いま、そこにいるんだわ。

32. 従妹（いとこ）のキアステン（ゲルトルードの姉妹の娘）が、事の次第をゲルトルードとヘミングに告げる。
幼いキアステン：私は斜面に坐っていたんです。すると突然、波が海のまんなかにやってきて、波が落ちたところに美しい人魚が見えたんです。彼はとても美しい声で歌っていたわ。だから私こわくなかったわ。彼はアグネーテを呼んだの。すると彼女はそれに従ったのよ。考えてもごらんなさい、おばさん、彼女は海に飛び込んだんですよ。そして人魚も一緒に。

33. ヘミング：彼女はぼくを愛してなんかいなかったんだ。ぼくはバカだった。美男でもないし、金持ちでもない。ぼくは彼女に何を提供できるんだろう。ハートだけでは女に十分じゃないのさ。ぼくはジプシーの群れについて、一緒に新しい国へ行き、新しい喜びを探そう。

34. ゲルトルード：息子よ、お前まで私から去るのか。
第1部終幕：人魚の結婚式。
場所：カテガット海峡の、ある船のデッキで。老船頭が昔、50年前、ノルウェーで遭難にあったことを語る。

35. 老船頭：いまでもはっきり覚えている。もう何年も前の、あるクリスマスのことだ。私は若かった。ある船

に乗っていた。私たちはノルウェーの沖にいた。そしてクリスマスのおかゆを食べている間に嵐が起こり、船は海岸に吹き付けられた。全員が溺れ死んだ。私だけが助かったのだ。

36. びしょぬれになって、私は岩礁の間に打ち上げられた。海の中から断崖がそそり立っていた。それは男の上半身に似ていた。しかし、それは全部が石だった。私ははっきり見た。その大きな岩の周りに大勢の女が泳いでいた。裸で、美しい体形をしていたが、下半身は魚の尻尾だった。

37. その中の一人、一番美しい女性が、岩にキスした。すると、岩が動いたのだ。そこで、私は思わず叫んでしまった。「主、イエスよ」と。すると、その瞬間、一切が消えてしまったのだ。

38. 海の底から嘆きの叫びが聞こえた。「お前は彼を殺した。私を不幸にした。強大なキリストの神が、私の誇りだった花婿を縛りつけ、岩に変えてしまったのだ。毎年、クリスマスの夜に、真夜中に、愛情のこもったキッスで彼を生き返らせることが私に許されていたのに。いま、お前の言葉が彼を百年間縛ってしまったのです。」このように彼女は歌った。

39. 愛情を抱くのは、われわれ人間ばかりではない。海の下の世界にもあるのだ。

40. 海鳥たち：船に乗ったかわいそうな若者よ、お前はなぜそんなに悲しそうなのか。もしお前が波の歌を聞い

て、われらの海底の世界を見たら、お前は喜ぶだろう。
41. すてきな話だ。老人が彼らに最近、船の上で語った話よりも美しい。緑の海底では、結婚式の祝宴だ。
42. （海、第1のコーラス）：昨夜、雲がまるいお月さまを隠している間に、私たちは海底に魔法のお城を建てた。いまアグネーテが住んでいるところだ。ボルンホルムBornholm（ブルグンド人の島Borgundarhólmrの意味、デンマーク領）のダイヤモンドで建てたのだ。
43. （第4のコーラス）：太陽がいま波間に沈む。結婚式の朝は近い。なぜなら、地上が夜のとき、海底では、ようやく生活が始まるからだ。
44. いま、彼女は目をさます。鐘が鳴る。彼女は心の底から喜びを感じる。（第1部終了）

『アグネーテと人魚』第2部（幸福な結婚と破滅）
人魚の妻になったアグネーテ。舞台はフューン島。フューン（Fyn）島は、アンデルセンの故郷オーデンセのある島である。
45. 波たち：結婚式から50年が経った。アグネーテは昔と同じように若く美しい。人魚の妻になって、彼女が生んだ二人の子供と一緒に暮らしている。
46. ブナの森：アグネーテが去ってから、ヘミングは何度も歌を歌った。しかし、彼の心はずっと以前に、海の底深くに葬られてしまった。［ブナ（beech）の木はデンマークの象徴である］

47. 波たち：またあの老人がやって来た。若者だったころの彼を私たちはよく知っている。彼の心に何が起こったのかを知っている。50年が経った。しかしアグネーテには7年しか経っていないように思われた。彼はよく鼻声で歌う。「アグネーテは愛されていた。すなおで、いい子だった。」アグネーテを恋していたヘミングは、もう70歳だが、バイオリン弾きとして、村の結婚式に呼ばれると、そこで歌う。

48. ヘミング：ぼくも、ここでは小鳥だ。だから、ほかの小鳥と同じように巣を作ったのだ。ぼくも死ぬときはそこで横になろう。

人魚のお城は琥珀（こはく）のお城（amber castle）である。子供が床で遊んでいる。アグネーテが、ゆりかごのそばに坐って歌を歌う。

49. 年長の子供：また泣いている。泣いちゃだめだよ。でないと、ぼくは死んじゃうよ。やさしいママ。ひざの上に乗せてよ、ぼくそこが好き。

50. 子供：お話してよ。お城とか、町とか、陸の人たちについてお話してよ、翼をもっている小鳥のお話を。

51. 子供：ぼくが大きくなったら、ぼくたちはそこへ行こうよ。人間も魚のしっぽをもっているの？　やさしいママには、なぜしっぽがないの？　しっぽのない人は、どのくらい旅を続けられるの？　教えて、なぜママにはパパもママもいないの？

52. アグネーテ：子供の言葉には、ときどき、深い意味

がこもっているのね。ママは、もう長い間、昔のことを考えなかったわ。私のママは、もう7年も自分の子供に会っていないのよ。そうだわ、さよならも言わずに、ママのもとを去ったのよ（と言って、ワッと泣き出す。母親の気持ちは母親にしか分からないのに、言いながら子供たちにキッスする）

夫の人魚が帰って来る。浜でとらえた小鳥を子供たちのおみやげに持ってきた。

53. 人魚（下に降りてくる）：ぼくが長い波の旅から帰ってきたのに、きみは居眠りしているのかい？

54. アグネーテ：異教の人よ、あなたはどこへ行っていたんですか。あなたが残酷だったことは一度もありませんでしたわ。

55. 人魚：浜辺の深い草の中に、茶色の小屋が立っているところに、宿無しの男を見た。ぐっすり眠っていた。若い妻も一緒にいた。二人の子供がひざに乗っていた。

56. 人魚：それは私たち自身の姿だったのだ。ぼくと、きみと、二人の子供だ。

57. 小鳥：結婚式の祝宴を開いてごらん、鐘が鳴っている。（人魚に捕えられて、海の底に連れて来られた小鳥から、教会の鐘の音を聞いてごらん、と言われて、アグネーテは7年ぶりに故郷を思い出す）

58. 人魚：きみの悲しみを隠さないでおくれ。なんでも打ち明けておくれ。きみの心の中に悩みがあると、ぼくは平静でいられない。きみが夢に見ることはなんでも、

夜にならないうちに、もってきてあげよう。

59. アグネーテ：聞いてください。海の底まで深い鐘の音が響いてきます。ああ、教会へ行かせてください、たった一度で結構ですから。陸に、1時間だけ行きたいのです。そうしたら、帰って来ます。私は祭壇でお祈りしたいのです。もう長いこと、お祈りをしていません。

60. アグネーテ：ですから、私は悲しいのです。私の胸が痛むのです。教会へ行かせてください、たった一度でいいのです。

61. 人魚：アグネーテ、きみはぼくたちのところから行ってしまうのかい？　きみの子供たちを見捨てるつもりなのかい？　もしきみをここで二度と見ることができなければ、子供たちに母親はいなくなる。彼らは、あてもなく海の上をさまようだろう。だって、きみがいなければ、死ななければならない。陸に住めるようにも、海に住めるようにも作られていないんだから。きみがいなければ彼らにはお墓があるだけなんだよ。

彼女はワッと泣きだし、彼の胸に顔をうずめる。彼は悲しげに彼女を見つめる。

62. 人魚：泣かないでおくれ。きみの涙がぼくの身体に落ちたよ。波でさえ、こんなに重くはない、こんなに塩からくない。きみの心臓が、故郷の島に向かって鼓動する。恋しさのために、小鳥でさえ死ぬこともある。

63. 人魚：アグネーテ、ぼくの腕の中へおいで。きみの悲しみが分かった。きみに必要なものが分かった。きみ

のどんな願いも聞き届けてあげる。ぼくはそう言った。

64. 人魚：子供たちのことを忘れないでおくれ。ここにいる小さなほうの子は、いつもきみの心を求めている。愛情の証拠を示すだけでなく、海底に帰って来ることで示しておくれ。

65. 人魚：きみの目、耳、口にキッスして、海底から陸地に連れて行ってあげよう。海岸の岬の上で、きみは目をさますだろう。

66. 人魚：そして、目をさましたら、教会へお行き。しかし、気をつけて。時間は1時間しかないんだよ。そうしたら、ぼくはきみを迎えに来る。だから、きみは約束どおり、一緒に帰るんだよ。ぼくと、ぼくたちの子供たちを忘れないでおくれ。

67. アグネーテ：ありがとう、波の下を、深く、あなたについてまいりましょう。私の故郷へ、鐘の鳴っているところへ、連れて行ってください。ええ、あなたは私を愛してくれています。私はあなたに従います。

68. 人魚：さあ、海底の中を通って行こう。子供たちにお別れを告げて。キッスをして。さあ出かけよう。だが起こさないでおくれ。もうきみは泣かないですむね。

69. アグネーテ（子供たちにキッスをする）：眠れ、私が帰るまで。さようなら。－こんなにもつらいなんて。許しておくれ、お前たちのお母さんが、こうやって別れて行くことを。お前たちは私の心を深くゆさぶる。教会の鐘が鳴り響くように。

アグネーテが7年ぶりに地上に戻ると、人間の世界では50年が経っていた。

70. アグネーテ（葦のかたわらで目をさます）：太陽がもうあんなに高く昇っている。ずいぶん寝たのね。それに、なんという夢を見たのかしら。本当にふしぎな夢だったわ。いえ、夢ではないわ。まだ彼の指輪があるもの。

71. アグネーテ：私はここに1時間滞在できる許可をもらったんだわ。まるで生まれ変わったみたい。ここが私の故郷、ホルメゴーア、私の母の家があるのね。でも半分は朽ち果てているわ。

［海の世界の1時間は人間の世界の7時間にあたる］

72. アグネーテ：私たちの小さな庭は、まるで草原のようだわ。7夏（7年）でこんなにも変わってしまうのかしら。いったい、お母さんはどこにいるのかしら。ドアはずっと昔に倒れてしまったのね。お母さんは、きっと死んでしまったのね。

73. アグネーテ：あそこからやってくる老人が、もしかしたら、母について慰めのことばを言ってくれるかもしれない。あの人はきっと母を知っているわ。

74. ヘミング：ゲルトルード母さんだって？ 彼女はお墓に入ってからもうじき40年になるよ。美しい人よ、あなたはどなたですか。（彼女をじっと見て）おお、神様、アグネーテだ。

75. ヘミング：同じ姿、同じほほえみ、しかし、前より悲しそうだ。でも、若さは昔のままだ。これは、まやか

しだ、サタンのしわざだ。

76. ヘミング：きみは歳をとっているはずだ、ぼくのように。ぼくたちが別れてから、あれはぼくたちの結婚式の前日だった。あれから50夏（50年）になる。きみはぼくが分からないのかい、ヘミングだよ。

77. ヘミング：ああ、ぼくはあなたを懸命に愛した、アグネーテ、あなたのために泣いた。もう泣けない。

78. アグネーテ：あなたヘミング？　神様お許しください。

79. ヘミング：きみのお母さんは亡くなったよ。きみの一族はみんな亡くなった。ぼくは老人だ。お墓に近い。アグネーテ、教えておくれ、裕福な人魚は、きみの乙女の代償に、何をくれたんだね。

［注］乙女の代償は持参金である。バラッドでは人魚の持参金は金の指輪、金の靴、金のハープである。どの品も、女王でさえもっていない上等のものだ。ハープは、悲しいときに奏でるためである。

80. ヘミング：アグネーテ、ぼくはとてもきみの姿を見ていられない。主の祈り（われらの父よ）を唱えてくれないか。いや、きみはこの世界の者ではない。（彼は彼女から逃げる。彼女は教会の中に入って行く）

アグネーテが約束の時間になっても戻らないので、夫の人魚が心配してやって来た。

81. 人魚：アグネーテ、帰っておくれ、子供たちのところへ帰っておくれ。海の底で泣いている。きみの名を呼んでいる。赤ん坊はゆりかごの中で立ち上がった。

82. 人魚：ゆりかごの中の子は小さな手を嚙んで、泣きはらして目がまっ赤になってしまった。お願いだ、帰って来ておくれ。時間はとっくに過ぎている。

83. アグネーテ：ああ、小さな像が、みな私に背を向けています。死者がお墓から歌っています。母の死体を見ました。天国へ行くためには、あなたに従えません。

［注］小さな像は教会の中の像で、キリストの使者を表す。教会に礼拝に来る人を歓迎するが、人魚族はキリスト教と相容れない種族なので、くるりと背を向ける。

84. 人魚：（小さな子供たちが彼女のほうへ手を伸ばして泣いている）さようなら、アグネーテ、ぼくたちは、ぼくたちのお墓の中に沈む（子供たちと一緒に沈む）。

85. アグネーテ：お許しください、イエス様。深い海よ私を迎えてください。（彼女は海に向かって走る。飛び込もうとしたが、浜辺に倒れる。岩の間に息絶えて）

86. 漁師の息子：彼女は死んで横たわっている。あんなに若く美しいままで。葬ってあげよう。

87. 毎朝、漁師の息子は岩が濡れているのを見る。それは人魚の涙なのだ。（おわり）

　アンデルセンはルイーズへの失恋のあと、1833年、スイスの国境ル・ロークルLe Locleでこの作品を完成した。のち、内容を一新して名作『人魚姫』を書いた。アンデルセンはアグネーテを北欧のアプロディーテー、ウェヌス（ヴィーナス）と呼んでいる。

足摺岬(Ashizuri Cape)は高知県南端の岬で、太平洋に突出している。田宮虎彦の小説(1949)。

　私は母に死なれ、大学への魅力も失せて、死ぬ覚悟で足摺岬を訪れた。だが、現場に着いて、いざ飛び込もうとしたが、足がすくんでしまった。とりあえず、その晩は四国参りのお遍路用の宿にとまることにした。宿は母と娘の経営で、客は年老いた遍路と薬売りの二人だった。足摺岬からずぶ濡れになってきた私に宿の母は「馬鹿なことはせんもんぞね」と言って、娘と一緒に手厚く介抱してくれた。年老いた遍路は「生きることはつらいものじゃが、生きておるほうが、なんぼよいことか」と言った。薬売りは金のない私に薬を飲ませてくれた。

　ある日、私は、ぼんやりと、また足摺岬に出かけた。その帰りを娘の八重が待ち伏せていた。その晩、私と八重は結ばれた。三年後に、私は八重を迎えに足摺岬の宿を訪れた。私と八重は東京で10年、しあわせだが、苦しい生活を送らねばならなかった。私を救ってくれた八重は、貧しい生活に疲れて死んだ。私が殺したようなものだ。戦争の翌年(1946)、私は足摺岬を訪れ、老いた八重の母にわびた。八重の弟は特攻隊から帰国し、ぐれていた。自分に死を要求した人間たちをののしった。

　田宮虎彦(1911-1988)は東大国文科卒。父親との不和から貧しい学生生活を送った。胃ガンで亡くなった妻千代との往復書簡『愛のかたみ』(1957)はベストセラーになった。『田宮虎彦作品集』全6巻、1956, 光文社。

ア・ジャパニーズ・ロビンソン・クルーソー（A Japanese Robinson Crusoe, by Jenichiro Oyabe, Boston-Chicago, The Pilgrim Press, 1898）小谷部全一郎（おやべ・ぜんいちろう）著。生田俊彦訳『ア・ジャパニーズ・ロビンソン・クルーソー』一寸社。1991年1月21日発行、同年4月25日再版。定価1,500円。249頁。

英語版編者および日本語訳者生田俊彦は1924年生まれ、中央大学法学部卒、日興証券専務取締役、日興不動産社長1988年退任。妻Masakoは小谷部の孫にあたる。

1. 小谷部全一郎は1867年12月23日秋田生まれ。5歳のとき母が病死。父善之輔は1877年大阪上等裁判所検事。従兄の放蕩で小谷部家が破産した。

2. 全一郎は単身徒歩で上京。二年後に福島裁判所に赴任した父善之輔のもとに行き父から漢学や法学を学んだ。

3. 1884年、17歳のとき、父・善之輔と別れて北海道の函館に到着した。アイヌ村に（二か月ほどか）滞在し、酋長から歓迎された。アイヌ研究の先駆者ジョン・バチェラーの存在を知った。金田一京助は小谷部を「アイヌ種族の救世主」と呼んだ。北海道を横断し、根室からオネコタン、パラムシル、ペトロパヴロフスクへ達した（この行程は何度も生死の境を乗り越えた）がパスポートを所持していないため、函館に送還された。函館で知人の日本人に金銭、日記など全部盗まれた（資料は貴重！）。

4. 北京のモンゴル街は立派な邸宅が並んでいたが、中国街は貧しく、不潔だった。神戸でThomas Perry号に

乗り、1888年12月25日、ニューヨークに着いた。ニューヨークの国立病院で働きながら勉学し、ワシントンのハワードの学長Dr.J.E.Rankinのもとで学んだ。

5. 1898年、蝦夷（えぞ）からアメリカへの放浪の旅（odyssey）を A Japanese Robinson Crusoe と題して出版した。1898年Howard大学からPh.D.を得て、帰国の途についた。

6. 帰国後、仙台出身の石川菊代と結婚し、しばらく横浜の紅葉坂教会に勤務したあと、北海道の洞爺湖に近い虻田村（現虻田町）に移住し、社団法人北海道土人救護会を創立。わが国で初のアイヌ人のための実業学校を設立した。掘立小屋に居住して原野を開墾し、自給自足の耐乏生活を送りながら、年来の希望であったアイヌ人教育の実践を始めた。全北海道からアイヌ人子弟を集めて教えた。妻の菊代は畑仕事、養鶏、針仕事で夫を支えた。

7. 虻田村で10年暮らしたあと、1909年、アイヌ実業学校が国に移管されたのを機会に東京府品川区に移り、三人の子供をかかえて、一家を構えた。1919年（52歳）陸軍省の通訳官に採用され、シベリアの奥地、蒙古のチタへ派遣された。全一郎は史跡調査という名目で、司令部の許可を得て、チチハルの近くにある成吉思汗ゆかりの古城や、外蒙古のアゲンスコイにあるラマ廟なども視察した。2年間の外地勤務を終えて1921年に帰国。陸軍省の推薦で陸軍大学教授に招へいされたが、断った。

8. アメリカの大学の学位をもち、英語も堪能であったから、日本では栄光の道が開かれていたであろうが、そ

れを選ばず、1923年、年来の願望であった『成吉思汗は義経なり』400字380枚、12章を完成、口絵写真15頁つきを厚生閣から出版、10数版を重ねた。反対説を反駁するために『成吉思汗は源義経なり・著述の動機と再論』を出版、これも反響が大きく10数版が売れた。これを機に文筆家をめざし、厚生閣から『日本および日本国民の起源』1929、『静御前の生涯』1930、『満州と源九郎義経』1933、『純日本婦人の俤』1938を出した。

9.『純日本婦人の俤』は清貧に甘んじて全一郎を支えた糟糠の妻（faithful wife）が1938年に病没したときに哀悼の意をこめて書かれた。菊代は仙台藩士族の出で品位にみちた、美しい容姿の、日常、英文のバイブルを読んでいた教養ある婦人だった。老後の数年間は安静静謐（せいひつ, safe and quiet）な生活を送り、1941年3月12日、心不全で急逝、知性の冒険家ともいうべき75年の生涯を閉じた。家族が朝食のために書斎のベッドへ起こしに行ったとき、やすらかな寝顔で息絶えていた。

アメリカ到達（reaching America）アイスランドのバイキング、ビャルニ・ヘルヨウルフスソン Bjarni Herjólfsson が986年にアメリカを発見、のちに幸運児レイフ Leif the Lucky（Leifr inn heppni）が北米海岸ノバスコチア（Nova Scotia, New Scotland）をワインの国（Wineland, Vinland）と名づけた。1421年ごろアメリカに到達したという中国の鄭和 Teiwa（Zheng He, イスラム教徒）や1492年のコロンブスよりも早い。

あらし(Storm)が木を吹き飛ばす。ミュンヒハウゼン

　ぼくは子供のころから、世界中を旅行するのが夢だった。おじさんが、よく旅行の話をしてくれた。このおじさんは母の弟で、父や母を説得してくれた。今度、セイロン(いまのスリランカ、南インド)に行くので、連れて行ってくれるというのだ。バンザーイ。

　二人はオランダのアムステルダムから船で出発した。途中で、大あらしになった。あらしは強烈で、木々がなぎ倒された。右の絵をごらんください。夫婦がキュウリの木に登って、キュウリをもいでいたのだが、その木が根こそぎ、夫婦もろとも、あらしのために、地面からもぎとられて、空中に舞い上がったのです。

　そして、あらしが過ぎ去ったあと、王様は御殿に戻るところでしたが、キュウリの木が王様のま上に落ちて、王様は死んでしまったのです。この王様は、わるい王様でしたから、人々は大喜び。それで、キュウリの夫婦はこの国の王様と王妃さまになりました。

　あらしのあと、ぼくとおじさんは、新しい国王夫妻に別れを告げて、船で航海を続けました。そして、6週間後に、無事にセイロン島に着きました。

[出典] Gottfried August Bürger(ゴットフリート・ビュルガー、ゲッチンゲン大学教授)のMünchhausens Abenteuer(ミュンヒハウゼンの冒険)英語読みでマンチョーゼン(1720-1797)の『ほらふき男爵の冒険』でも知られる。続きはp.194「ロシア旅行」。

［キュウリの木が夫婦を乗せたまま空中に舞い上がった］

或る女（A Certain Woman, 1919）有島武郎著。

　主人公の葉子（ようこ）は、妹の愛子、貞世（さだよ）とともに、美人三姉妹で、その住む家は美人屋敷と呼ばれていた。長姉の葉子は才色兼備で、「葉子はそのとき19だったが、既に幾人もの男に恋をし向けられて、その囲みを手際よく繰りぬけながら、自分の若い心を楽しませて行くタクトは十分に持っていた」（第2章）。このタクト（tact）の語源はラテン語tangere（触れる）の名詞形tactusだが、「わざ」（art, craft）の意味である。

　最初の恋愛結婚が2か月で破綻し、葉子は二番目の婚約者が待つアメリカに横浜から出航する。しかし、この汽船の中で葉子は運命の男に出会ってしまった。船の事務長の倉地である。彼女はその魅力に取りつかれ、婚約者を捨てて、日本に帰ってきた。この恋愛沙汰が新聞に載り、二人は非難を浴びた。しかし、二人の恋は、いっそう燃え上がった。倉地は会社を解雇され、葉子は自分を責めた。倉地は生計をたてるために売国奴になった。だが、スパイ行為が漏れると、倉地は置手紙を残し、姿を消した。男に去られた葉子は、病気にかかり、入院した。手術を受けたが病状は悪化した。葉子は病室で「痛い、痛い」と呻きながら、短い生涯を閉じた。

　葉子は近代的自我にめざめた女性で、イプセンの『人形の家』のノラのような、100年も時代を先取りした創造物である。有島武郎（1878-1923）は札幌農学校に学び、のち、アメリカで3年間の留学生活を送った。

アルとナイ（aru and nai）アルは動詞だが、ナイは副詞か形容詞か。［答］形容詞。赤い、黒い、白い、よい、わるい、など、「い」で終わるから。

ある母親の物語（The Story of a Mother, 1848）

　アンデルセン童話。母親が小さな子供のベッドのそばにいました。子供はいまにも死にそうです。そのとき、コツコツとドアの音がして、死神が迎えに来ました。母親はビールを暖めて来ますから、ちょっとお待ちくださいと言って、ほんの一瞬、その場を去りました。しかし、もどって来ると、子供も死神も、いません。

　外に出ると、雪の中に黒い着物を着た女の人が座っていました。彼女は夜の精です。尋ねると、「右の、モミの木の森のほうへ行きましたよ」と教えてくれました。森に来ると、道の十字路に、イバラの木が立っていました。尋ねると「あなたの胸で暖めておくれ。教えてあげるから」。母親はイバラをしっかりと胸に押しあてて、暖めてやりました。トゲが胸に刺さって血が流れ出ましたが、イバラが緑になり、湖のほうを指しました。

　湖が言いました。「あなたの二つの目をおくれ。あなたの目は真珠よりも美しい。向こう岸の温室まで運んであげよう。死神はそこで花や木の世話をしている」と教えてくれました。母親は目をくりぬかれて、見えませんでしたが、温室で、心臓の鼓動から、わが子を探し当てました。それは小さな青いサフランです。

　死神が帰って来ました。サフランを持ち去ろうとする

と死神が言いました。これもみな神様のおぼしめしだ。おまえの子供の花をパラダイスの園に植えかえるのだ、と言って、湖に渡した二つの目を返してくれました。

天草航空(Amakusa Airline, 熊本)たった1機のエアライン。1998年就航。天草→熊本→福岡→大阪、そのリターン。年間600回、就航率96%は上出来だ。低空のため眺めがよい。医者など通勤代わりに利用。命の翼と呼ばれる。

雨のブルース(Blues in the rain) bluesは「憂鬱」の意味である。淡谷のり子(1907-1999)の雨よ降れ降れ、悩みを流すまで…Rain, rain, go, go, till you wash away my suffering…は、ブルガリアで「ナミコ」の名で大流行した。徳冨蘆花(1868-1927)の『不如帰(ほととぎす)』(The cuckoo, 1899)のフランス語訳からブルガリアに紹介されたためである。主人公浪子は理想の結婚をしたが、「ああ、つらい、もう婦人(おんな)なんぞに生まれはしません」と女性の苦しさを訴えた。1977年、淡谷が70歳のとき、ブルガリアに招待されて大歓迎を受けた。

アメリカン・ヘリテージ英語辞典(American Heritage Dictionary of the English Language)手元にあるのは第4版のカレッジ版(Boston and New York, 2002)で、巻末にCalvert Watkinsの印欧祖語と印欧語民族の文化、印欧語根318語と英語との関連が掲げられている。

　ワトキンズ(1933-2013)はHarvard大学言語学および古典学教授で、ケルト語が専門だった。ワトキンズの

The American Heritage Dictionary of Indo-European Roots（Boston, 1985）は1,403個の印欧語根と現代英語との関連を述べる。ポコルニー（J.Pokorny）の『印欧語語源辞典』（1959）の印欧語根は2,044個である。

　印欧語根には同音異義語が種々あり、*sekw-には次の三つがある。同根ではなく、homonymsである。

sekw^{-1}「従う」ラテン語sequī従う；secundus次に続くべき、第二の；アプラウト形socius従う人、仲間。

sekw^{-2}「見る」ゲルマン語*sehwan見る；英see

sekw^{-3}「言う」英say（古代英語secgan）言う；英sawことわざ（古代英語sagu）；古代ノルド語saga散文物語；skaldスカルド詩人（＜*skw-e-tlo-語り）。

アントニオ・カノヴァ（Antonio Canova）アントニオはまだ少年だが、器用な彫刻家だった。あるお屋敷で彫刻が壊れてしまった。今晩は大事な晩餐会があるのだ。それまでに代わりの彫刻を手に入れねばならない。アントニオはバターでライオンが跪（ひざまず）いている彫刻を作り、来客たちは驚嘆し、絶賛した。（Baldwin）

イチョウ（銀杏, Gingko）ゲーテの『西東詩集』（West-östlicher Divan, 1819）の中の「ズライカの書」（Buch Suleika）はズライカとハテムの間に交わされる詩の応答である。ハテムもズライカもアラビア語圏の男女の名で、ハテムはゲーテを、ズライカ（誘惑者の意味）はマリアンネ・フォン・ヴィレマー（1784-1860）をさす。ゲーテは1814年と1815年にフランクフルトの銀行頭取

フォン・ヴィレマー夫妻に招待された。ゲーテが愛の詩を贈ると、マリアンネも才気あふれる詩で答えた。

ズライカ：私がエウフラテス川を渡っているとき、
　　　　金の指輪が指から落ちて
　　　　浪間に消えました。
　　　　それはあなたから先日戴いたものです。
　　　　私はそのような夢を見ました。朝の光が
　　　　木の間から洩れて私の目を射しました。
　　　　教えてください。詩人よ、予言者よ。
　　　　この夢は何を意味するのでしょうか。

ハテム：私は喜んでその夢を解きましょう。
　　　　あなたに何度かお話したでしょう。
　　　　ヴェネチアの総督が
　　　　海と結婚するときのことですよ。
　　　　そのときのように、あなたの指から
　　　　指輪がエウフラテス川の波間に落ちたのです。
　　　　私はインドの国から

> ダマスクスまでさすらい、
> 新しい隊商の群れに加わって
> 紅海まで行きました。
> あなたは川と、私と結婚するためです。

　ゲーテは、ここで、人妻マリアンネへの愛を告げた。Gingo（ゲーテの綴り）biloba「二葉のイチョウ」

伊豆の踊子（Izu Dancer, 1926）川端康成の小説。

　私は20歳、高等学校の制帽をかぶり、紺飛白（こんがすり）の着物に袴をはき、学生カバンを肩にかけて、一人で旅していた。修善寺と湯ヶ島で一人の可憐な踊り子を見た。私は旅芸人の一行のあとを追いかけて、天城峠（あまぎとうげ）の茶屋で会うことができた。宿に着くと、踊り子は私にお茶を出してくれた。彼女は顔を赤らめて、はにかんでいた。

　私は、お座敷に出ている踊り子のことが気になってしかたがなかった。翌朝、旅芸人の男と朝湯に入っていると踊り子が裸のまま、飛び出してきた。踊り子は、まだほんの子供だった。私は旅芸人の一行と徐々に親しくなり、一緒に過ごすうちに、心がいやされていった。

　下田（しもだ）に着いたとき、私は旅費がなくなったため、翌朝には船で帰らねばならなくなった。踊り子は私に活動写真に連れて行ってほしい、とせがんだが、踊り子の祖母が、それはいけませんと、たしなめた。

　翌朝、船乗り場に着くと、踊り子がいた。彼女は昨夜のお化粧のままでいた。その姿を見て私は感情があふれた。船は下田を出た。船室で横になっていると涙がこぼ

れた。私は人のどんな親切でも自然に受け入れられるような美しい心持（beautiful feeling）になっていた。

　さよならも言えず泣いている私の踊子よ…（三浦洸一）

　川端康成（1899-1972）東大英文科卒。数え年2歳のときに父が、3歳のときに母が亡くなり、大阪の祖父母のもとで育てられた。日本初のノーベル文学賞（1968）。

いつわりの友（フランス語faux amis, フォーザミ；英語false friends）よく似ているが、意味が異なる単語。日本語の「妻」＝中国語「妻子：愛人」。日本語の「愛人」＝中国語「情人」。日本語の「品物」＝中国語「物品；東西（東にも西にもあるから）」。

　英語high schoolは「高等学校」、ドイツ語Hochschuleは「大学、単科大学」、英語gymnasiumは「体育館」だが、ドイツ語Gymnasiumは「高等学校、文法学校」である。語源のギリシア語は「体育場」の意味だったが、頭脳の訓練、つまり教育の意味にも用いられるようになり、その後、高等教育の学校を指すようになった。

いのち（life）命短し恋せよ乙女「ゴンドラの唄」1915. （ラテン語）amā, puella, nam brevis est vīta.

命の水（The Water of Life）グリム童話KHM97

　王様が重病になり、いまにも死にそうです。王様を救う唯一の方法は、命の水だというのです。早速、一番上の王子が探しに出かけましたが、なかなか帰って来ません。次の王子も出たままでした。その理由は、途中で、小人に出会って、どこへ行くのか尋ねたのに、お前に関

係ないと侮辱したものですから、罰が当たったのです。

末の王子は、父が病気なので、命の水を探しに行くところです、と答えたのです。小人は王子の素直な心を知って、その水を手に入れる方法を教えてくれました。無事に「命の水」を手に入れることができ、おまけに美しい王女と一緒になる約束もしました。二人は1年後に再会して結婚式を挙げることになっていました。

それをねたんだ二人の兄は、共謀して、命の水を塩水と取り換えました。そして、これが末の王子の持ち帰った水だと王様に飲ませると、病気はさらにわるくなりました。そのあと自分たちが持ち帰ったと称して、命の水を与えました。すると、王様は、たちどころに元気になりました。さらに王女をもわがものにしようと試みましたが、結局、二人の兄の悪事がばれて、末の王子と王女はハッピーエンドになりました。

ウィーンの胃袋（the stomach of Vienna）ウィーンの胃袋はとても大きい。ドイツの詩人ヘーベル Johann Peter Hebel（1760-1826）の『ドイツ炉辺ばなし集』によると1806年11月1日から1807年10月31日までに平らげられた家畜は、なんと、牡牛6.6万頭、牝牛2000頭、子牛7.5万頭、羊4.7万頭、仔羊12万頭、豚7.1万頭だった。肉が多いと、パンも多い。肉やパンがあれば、当然、ワインやビールも必要だ。料理のために、そして部屋の暖房のために、薪や石炭も消費せねばならない。

ウィーンは、2017年、QOL（クォリティ・オブ・ライ

フ、生活の質）が世界一である。音楽、芸術、ワイン、コーヒー、チョコレート、ケーキ、美しく青きドナウ、シェーンブルン宮殿、アルプスから直送の水道水が出る。

雨月物語（Ugetsu Monogatari, Tales in Rainy Season, 上田秋成, 1776）の中からラフカディオ・ハーンが再話した「守られた約束」と「破られた約束」を掲げる。

(1) 守られた約束（The Promise Kept）

1. 兄と弟が仲よく暮らしていた。Two brothers lived happily. 2. 兄は父の墓を訪れたいと言って、春に旅に出た。Elder brother wanted to visit his father's grave. 3. お兄さん、お帰りはいつごろですか、と弟がたずねた。4. 秋に、菊が咲くとき、9月9日に帰って来るよ。5. 出雲は、ここから、400キロもある。6. 弟は、出雲は遠いので、予定通りに帰れるか心配した。7. 約束の日、弟は、ご馳走とお酒を用意して、待っていた。8. 夕方になっても戻らなかった。母は、もうお休みなさい。明日帰って来ますよ、と言った。9. 弟は、夜になっても、眠らずに待った。すると、真夜中の12時に、兄が帰ってきた。お兄さん、よく予定通りに帰ってくれました。ゆっくり休んで、食事をしてください。10. ありがとう、だが、もう私は行かねば、と言って、姿を消した。11. 兄は、出雲で、父のあとに将軍となった男に、家来になれと言われたが、弟が待っているからと断った。すると牢屋に閉じ込められてしまった。12. 兄は約束を守るために、自殺して、魂だけが帰って来たのだ。

(2) 破られた約束（The Promise Broken）

1. 夫は殿様に仕える武士だった。2. 妻が死ぬ寸前に夫に言った。「私が死んだら、再婚しないでください。私のお墓は、あなたと一緒に植えた、梅の木の下に作ってください、そして、ベルを吊るしてください。」3.「お前の言うとおりにするよ」と夫が言った。4. 妻が亡くなったあと、彼女の希望通りにお墓を作った。5. 親戚や友人が言った。「お前は子供がいないんだから、このままだと、家屋敷が没収されてしまうぞ。」6. 最初は断っていたが、あまり、何度も言われるので、紹介された16歳の娘と結婚した。ある日、夫はお城で夜勤せねばならなかった。7. 花嫁は不安げに床についた。夜、リンリンと鈴が鳴った。幽霊が出て来て花嫁に言った。「お前はこの家から出て行かねばならぬ。そして、その理由を誰にも告げてはならぬ」。8. 翌朝、夫が帰宅したとき、花嫁が言った。「私は不安で眠れません。家に帰してください。」9. 次の夜も同じことが起こった。花嫁が言った。「どうか、離婚してください。」夫は言った。「正当な理由がなければ、離婚なんてできないよ。」そこで、花嫁は本当のことを夫に告げた。「今度は、信頼できる家来に番をさせるから安心しなさい」と言って、夜勤に出た。その夜、真夜中に悲鳴が聞こえた。家来が駆けつけると、首のない花嫁が、血だらけになって、死んでいた。花嫁の首は、お墓の前に置かれていた。[私注：復讐なら、無実の花嫁にではなく、夫にすればよいのに]

うた時計（オルゴール，music box）新美南吉作。

　オルゴール（orgel）はオランダ語でオルガンのことである。英語は「音楽の出る箱」という。日本語のオルガンはポルトガル語のorgãoからきた。廉（れん）という少年は薬屋さんの「うた時計」が大好きだ。薬屋のおじさんが日露戦争からの帰りに、大阪で買ったものである。

　ある春の日、少年が34、5歳の大人と村の道を歩いていた。大人が少年に呼びかけた。「ぼう、どこへ行くんだ？」「町だよ」「おじさん、ポケットに音楽のでる箱をもっているね。ぼく、薬屋さんのうた時計が大好きなんだ。」

「ぼうは薬屋を知っているのか」「知っているよ。親戚だもの。薬屋のおじさんには息子がいたけど、学校を卒業すると、町へ行って、不良になっちゃったんだって。」「それで、薬屋さんは、その息子のことを何か言っていなかったかい？」「ばかなやつだって言っていたよ。」

　分かれ道にきたとき、おじさんは少年に言った。「ぼく昨日、その薬屋に泊めてもらったんだけど、今朝、その家を出るとき、このうた時計と懐中時計を、まちがえて持ってきちゃったんだ。返しておいてくれないか」

　二人が別れたあと、薬屋のおじさんが自転車で追いかけてきた。「ぼう、大人の人を見なかったか。」「あ、一緒だったよ。別れるときに、まちがえちゃったから、これを返してくれって。あれは誰なの。」「うちのバカ息子なんだ。こんど、町の工場で働くことになったので、一晩泊めてやったのだ。すると、さっそく盗みやがった。」

エイビーシーの本（The ABC-Book, ABC-Bogen, 1858）

アンデルセンがアルファベットA, B, Cなど26文字を使った2行詩である。CとXをあげる。

C. Columbus　コロンブス
Colúm | bus óv | er há | vet fór,　　　　［弱強4歩格］
コロンブスは海を越えて行った。
og jórd | en dén | blev dób | belt stór!［弱強4歩格］
そして大地は2倍に大きくなった。
英語はColumbus went over the sea,
　　　　and the earth became twice as large.

と訳せば1行目も2行目も8音節なので、つり合いがとれるが、デンマーク語のように弱強（iambic）のリズムがとれていないし、デンマーク語のfórとstorのように脚韻があっていない。すこしくふうすると、

Colúmbus wént o'er séa and tíde,　　　　［taid］
the wórld becáme then twíce as wíde.［waid］

X. Xanthippeはソクラテスの妻の名である。
I ægteskabsø skal der findes en klippe,
af Sokrates blev den betegnet Xanthippe.
結婚の湖には断崖があるものだ。
ソクラテスはそれをクサンティッペと呼んだ。
Xanthippe was for Socrates　　　　　　［-i:z］
in married life the crag and bees.　　　　［-i:z］（下宮訳）

クサンティッペとの結婚生活はソクラテスにとって突き出た岩とミツバチ（うるさいが蜜も与える）だった。

43

イタリア語版全集にXanthippeがないので試訳する。
Xanthíppe (e) Sócraté sposáti [sono省略、弱強4個]
tra lóro sássi già trováti. [sono省略、弱強4個]
クサンティッペとソクラテスは結婚していた。
彼らの間にはすでに小石（軋轢）があった。

英文学風物誌（The Background of English Literature）
中川芳太郎（1882-1939）著。研究社, 1933, 再刷1992, xxviii, 768頁。緒言に「本著は大阪府女子専門学校に於いて昭和二年春以降、英文学史の副講として、毎学年反復講述した最後の稿を骨子としたものである」とある。内容は第1部生活（people）、第2部制度（state）、第3部風土（land）からなり、娯楽、保養、行事、衣食住、中世の学問、政治、宗教、教育、国防、交通、農業・漁業、風土、動植物のすべてにわたる。ローマ人はヨーロッパのroad makersだったとある。彼らは軍用道路を作ったのだが、現代のアウトバーンにあたる。

姉妹書である『英文学史』は没後出版で、副題「欧羅巴文学を併せ観たる英文学史English Literature in view of the general history of Western literature」（研究社1943, 1954³, 目次・索引50頁、本文816頁）とある通り、ギリシア・ローマ文学、ヘブライ文学、聖書に始まり、中世から1930年代までのヨーロッパ諸国の文学の流れと主要作品のあらすじが書かれている。

中川芳太郎は漱石山房木曜会のメンバーで、第八高等学校（名古屋）で英語・英文学のほかに、ラテン語も教えた。

エサルハッドン（Esarhaddon）アッシリアの王Esarhaddonは敵のライリー（Lailie）王国を滅ぼし、国王ライリーを捕えた。エサルハッドンは夜、ライリーの処刑方法を考えていた。夢の中に老人が現れて王に尋ねた。「お前はライリーを処刑したいと思っているのか。」「さよう。だが、その方法を考えあぐねている。」「お前は彼の命を奪うことはできない」と老人が言った。夢の中でエサルハッドンは敵の王ライリーになっていた。そしてライリーの難儀を知った。老人が言った。「お前が奪ったと思っているものは、実は、失ったものだ。お前が楽しんでいることは、実は、お前が苦しんでいることなのだ」と言って老人は姿を消した。翌日、エサルハッドンはライリーを許し、自分の王国を息子のアッシュルバニパル（Assurbanipal）に譲り渡した。そして、自分は町や村を歩き、「他人に害を及ぼす者は自分に悪をなしているのだ」と説いてまわった。（トルストイ）

エッダ（Edda）は北欧神話の原本とされ、神話と英雄伝説からなる。ゲルマン神話はJacob Grimmの『ドイツ神話学』2巻（1835、のち補巻を入れて3巻）にまとめられた。主要部分はキリスト教以前の北欧神話である。

　時の初めは、大地も天もなかった。あるのは底なしの裂け目（ギンヌンガガップGinnungagap）だけだった。最初の生き物はユミルYmirという霜の巨人とアウドフンブラAudhumbraという牝牛であった。牝牛は氷の平原にしみる塩をなめ、巨人は牝牛の乳を飲み、やがて、

何世代かのち、巨人族（Giants）と神族（Gods）が誕生した。神々の父はオーディンOdinであった。オーディンは文字（ルーン文字）を創造し、詩の蜜酒（mead）を小人族から盗んで、神々と人間に与えた。

『詩のエッダ』Poetic Eddaは『セームンドのエッダ』とも呼ばれる。編者はパリのソルボンヌに学んだ最初のアイスランド人セームンドで、「賢者」と呼ばれる。英語Saemund the Wise, ラテン語Saemundus multiscius, アイスランド語Sæmundur inn fróðiである。首都レイキャビクReykjarvikにあるアイスランド大学への道はSæmundargata（サイムンドゥル通り）と呼ばれる。

原語からの『エッダ』の日本語訳は松谷健二訳（筑摩書房、1966）と谷口幸男訳（新潮社、1973）がある。

エッダの最良のテキストはHans Kuhn (1962)のものであるが、手元にKarl Hildebrand (1846-1875)のエッダ刊本があるので紹介する。1985年アムステルダムのBrinkmanのカタログで入手した（26ギルダー，2,600円）。Die Lieder der Älteren Edda (Sæmundar Edda). Herausgegeben von Karl Hildebrand. Paderborn, 1876. xiv, 323 pp. これはソシュールも利用した版である。

著者は完成を見ずに、重病ののち1875年4月17日、28歳の若さで亡くなった。Theodor Möbius (1821-1890, 1859年Leipzig大学ノルド語・ノルド文学教授) が校正済みの部分と未校正の部分を終了して出版した。続きは古エッダの批判的刊本、文法、辞書となるはずだった。

画の悲しみ（sorrow of drawing）国木田独歩作

　小学校時代、おれは絵が好きで、得意だった。それに、数学も得意だった。一年上に志村という生徒がいた。志村は絵も数学も、ほかの科目も、優秀だった。その上、温和な性格だった。だから校長も先生も生徒も、みな志村派だった。おれは競争心を燃やした。作品発表会のために、おれは馬の顔を描いた。志村はエジソンの顔を描いた。志村はチョーク画、おれは鉛筆画だ。だが、問題は材料よりも画材の違いだ。これでは、おれに勝ち目はない。先生も生徒もさらに志村派に傾いて行った。

　おれはチョークを買って、河原に出た。すると、志村が写生をしているではないか。「何を描いているんだ」と問うと、志村は「川向こうの水車を描いているんだよ。馬は生きているみたいで、よかったね」と言って、ほほえんだ。このときから競争心は消えて、おれは志村を尊敬するようになった。

　中学校に進学すると、二人は一層、親しくなった。中学校は遠かったので、下宿した。学期末には7里の道を一緒に写生をしながら、歩いて帰った。中学を卒業してから、おれは東京へ出た。それからは絵を描く機会もなく、たまに絵画展に出かけて、絵心を満足させていた。

　音信が途絶えていたが、20歳になったとき、ひさしぶりに故郷へ帰って、志村のことを人に尋ねると、驚くなかれ、志村は17歳のときに、病死したとのことだった。

　国木田独歩（1871-1908）詩人、小説家。

エリセーエフ（Serge Eliseev, 1889-1975）

　セルゲイ・エリセーエフ（Sergej Eliseev）はメイエ・コーアン編、泉井久之助編訳『世界の言語』（朝日新聞社1954）の中の「日本語」「朝鮮語」「アイヌ語」「極北諸語」の執筆者だが、長い間、未知の人として、私の記憶に留まっていた。1994年8月24日、アエロフロートでモスクワ経由ドイツに向かう途中、機内の雑誌に倉田保雄氏のエリセーエフの一文を読んで疑問が解けた。

　セルゲイ・エリセーエフはロシアの首都サンクト・ペテルブルクにエリセーエフ兄弟商会の次男として生まれた。当時ロシアの上流階級はフランス語を早くから学習したので、エリセーエフはフランス語もロシア語も同じくらいにできた。後年、永井荷風の『牡丹の客』を翻訳し出版した（パリ, 1927；谷崎潤一郎らの短編も含む）。

　フランス語と並んで、6歳のときからスイス人の家庭教師についてドイツ語を学習し、10歳のとき、ドイツ系のラリンスキー・ギムナジウムで学んだ。ギムナジウムはギリシア語・ラテン語の教育を重視するので、英語ではグラマースクール（文法学校）と呼ばれる。1904-05年の日露戦争により、極東への関心を抱き1907年ベルリン大学へ留学、その東洋語学院（Seminar für orientalische Sprachen, グルジア語やアルメニア語関係の本も出版している）で日本語、中国語を学んだ。ここで留学中の新村出、桑木巌翼らを知り、東京帝国大学への留学を決意した。新村は東京帝国大学教授上田萬年（1867-

1937) にあてたエリセーエフの紹介状を書いた。1908年東京帝国大学文学科に入学し、上田萬年、芳賀矢一、藤岡勝二、フォン・ケーベルの講義を受けた。上田教授からチェンバレンの『古事記』の英訳や『日本事物誌』（本書p.123）を紹介された。留学中は家賃月40円の立派な屋敷に住んだ（夏目漱石の家賃は35円だった）。

　小宮豊隆から夏目漱石を紹介され、漱石の木曜会に参加し、日本の知識人の多くを知った。小宮とは生涯親交を結んだ。1912年、卒論「芭蕉研究の一片」を完成し、大学院に進学した。1914年大学院修了、ペトログラード大学で博士号をとるために帰国。1916年ペトログラード大学の日本語講師となり、漱石の『門』を教科書に使った。しかし1917年の革命で全財産を没収された。1918-19年の冬は暖房も食事も十分にとれず、地獄のような日々が続いた。1920年妻と幼児二人とともにヘルシンキに脱出した。密航料に一人50万ルーブル、家族4人で200万ルーブルも支払わねばならなかった。半分はルーブルで、残りは宝石や日本から持ち帰った骨董品を売って支払った。1932年パリ高等学院教授を経て1934年ハーバード大学教授・東洋語研究所所長となり、ライシャワーなど優秀な弟子を育てた。1945年3月、東京大空襲の際「宝庫」たる神田の古本街が爆撃を免れたのはエリセーエフがマッカーサーに提言したからとか。

　倉田保雄著『エリセーエフの生涯－日本学の始祖』中公新書1977。著者（1924-2011）は共同通信パリ支局長。

[付] メイエ・コーアン監修『世界の言語』泉井久之助編訳、朝日出版社1954の中の「日本語」の中に漱石の『三四郎』からの用例があり、語順は主語、補語、動詞の順である。ローマ字、日本語、フランス語を記す。

1. Gakunen wa kugatsu žūitši nitši ni hažimatta.
　学　年　は　九　月　十一　日　に　始まつた。
　L'anné scolaire septembre onze a commencé.

2. Sanširō ga žitto šite ike no omo wo mitsumete i r u to
　三四郎　が　凝　と　して　池　の　面　を　見詰めて　ゐると
　Sanširō immobile étang surface fixant（du regard）était

3. ōkina ki ga ikuhon to naku mizu no soko ni utsutte
　大きな 木 が 幾本 と なく　水　の　底　に　映つて
　lorsque des grands arbres beaucoup（sans quantité de troncs）l'eau fond dans se reflétant（dans）ce de nouveau

4. sono mata soko ni a o i sora ga m i e r u.
　其の　又　底　に　青い　空　が　見える。
　dans le fond bleu ciel était visible.

　フランス語原本 Les langues du monde, par un groupe de linguistes sous la direction de A.Meillet et Marcel Cohen. Paris, Librairie Ancienne Édouard Champion, 1924（xvi, 811pp.）を筆者は2004年ベルリンのAntiquariat Bürckから109ユーロ（14,700円）で入手した。「日本語」の日本語訳は小田良弼による。

エンドウマメの上に寝たお姫さま（The Princess on the Pea, 1835）アンデルセンの童話。

　むかし、一人の王子がいました。王子はお姫さまと結婚したいと思っていました。しかし、それは本当のお姫さまでなければなりません。そこで王子は、そのようなお姫さまを探しに、世界中を旅しました。しかし、どこへ行っても、なにか、不都合な点がありました。たしかに、お姫さまは大勢いましたが、それが本当のお姫さまかどうかとなると、よく分かりませんでした。いつも、どこか、なにか、変なことがありました。美しいと心がみにくいとか、容姿も心も美しいと、身分が低いとか。そこで王子はがっかりして、国に帰りました。王子は、本当のお姫さまと結婚したいと願ったからです。

　ある晩、おそろしいあらしになりました。稲妻が光り雷が鳴って、雨が滝のように降ってきました。まったくすさまじい晩でした。そのとき、門をたたく音がしましたので、年老いた王様が門を開けに出て行きました。門番がいないとは、よほど小さな国なんですね。

　門の外に立っていたのは、一人のお姫さまでした。ところが、なんという姿でしょう。雨とあらしのために、ビッショリです！　雨の水が髪の毛や着物から流れ落ち、靴のつまさきから入り、かかとから流れ出ていました。それなのに、彼女は、わたくしは本当のお姫さまです、と言ったのです。馬車にも乗らずお供もつけずに？

　ええ、そのうち分かるでしょうよ！　と口には出しま

せんでしたが、お妃は息子の嫁にふさわしいか、ためすことにしました。ベッドの上にエンドウマメを一つ置いてその上に20枚の敷布団と20枚のケワタガモの羽根ぶとんをかさねたのです。そして、お姫さまは、夜、その上に寝ることになりました。

翌朝、寝心地はいかがでしたか、と尋ねられると、「まあ、ひどい寝心地でしたわ！」とお姫さまが言いました。「一晩中、ほとんど眠れませんでしたわ。いったい、ベッドの下に何があったのでしょう。なにか固いものの上に寝たようでした。ですから、からだじゅうが赤や青のあざだらけです。本当に、おそろしい目にあいました！」

そこで、これこそ、本当のお姫さまだということが分かりました。だって、20枚の敷ぶとんと20枚のケワタガモの羽根ぶとんの下にある、たった一粒のエンドウマメに気づいたのですから、こんなに肌の敏感な人は本当のお姫さま以外にはありえませんでした。

王子は彼女と結婚しました。いまこそ、本当のお姫さまだということが分かったからです。

そして、そのエンドウマメは博物館に収められました。もし、だれも持ち去っていなければ、いまでも、そこに見られるはずです。

ごらんなさい、本当にあったお話なんですよ。

グリム童話にも「エンドウマメのテスト」があり、そこでは、三粒のエンドウマメが、一つは頭の下に、一つは背中の下に、一つは足の下に置かれています。

狼森と笊森、盗森（オイノもり　ざるもり　ぬすともり）（Wolves' Forest, Bamboo Baskets' Forest, Robbers' Forest）宮沢賢治の童話。

　岩手山の北に狼森、笊森、黒坂森、盗森という奇妙な名前の森が並んでいる。昔、四人の農夫が新しい土地を求めてやってきた。このあたりの土地はどうだ。川はあるし、森はあるし、住めそうじゃないか、というわけで、後からついて来る三人の妻と、9人の子供を呼んだ。

　最初の年に小屋を一軒建てて、全員が住んだ。翌年、アワとヒエがたくさん採れた。この年に小屋は二軒に増え、次の年には三軒になった。ある日、子供が四人消えてしまった。男たちは心配して探しに出た。すると、最初の森、狼森で、子供たちは狼と一緒に栗を焼いて食べていた。農夫たちはお礼に狼たちに粟餅（あわもち）を作り持参した。

　次の年に、農夫たちの鍬（くわ）やナタが盗まれていた。笊森の赤鬼が、大きな笊の中に盗んだ農具を隠していた。赤鬼は「おれにも粟餅をくれよ。返してやるから」と言った。次の年に、せっかく収穫したアワが全部なくなっていた。岩手山が、盗森に住んでいる黒鬼が盗んだと教えてくれた。黒鬼は「おれも粟餅が食べたかったんだ」と言った。小屋に帰ってみると、盗まれたアワが全部戻っていた。百姓とおかみさんたちは、早速、粟餅を作って黒鬼に届けた。それから毎年、狼森、笊森、盗森に粟餅を届けた。笊森と盗森の間に黒坂森がある。この森に岩手山が噴火のときに大きな岩が飛んで黒坂森に着いた。この岩が伝説を語った。開拓の生き証人なのだ。

王様と召使（The King and the Servant）中島敦著。

　太平洋のパラオ諸島の一つにオルワンガル島という島があった。この島にルバック、これは王様とか長老という意味だが、と、その召使がいた。召使は朝から夜までヤシの実とり、魚とり、ルバックの家の修繕、洗濯、ありとあらゆる仕事を、一人でしなければならなかった。

　ルバックは正妻のほかに大勢の妻をもっていた。食事はブタの丸焼き、パンの実、マンゴーのご馳走だった。召使の食事は魚の骨やアラ、イモの尻尾であった。夜はルバックの物置小屋で、石のようになって眠った。

　ある夜、召使は夢を見た。自分はルバックになって、大勢の女に囲まれて、ご馳走を食べていた。そして、自分に仕える召使を見ると、それはルバックだった。翌日目を覚ますと、やはり、自分は、もとの召使だった。

　次の夜も、次の夜も同じ夢を見た。夢の中とはいえ、毎日ご馳走を食べているうちに召使はルバックのようになった。逆に魚の骨やアラばかり食べていたルバックはすっかり痩せてしまった。ルバックが自分にかしずくさまを見て召使はとても愉快だった。夢と現実の逆転か。

　三か月たったとき、ルバックは召使に理由を尋ねた。召使は自信たっぷりに夢の内容を語った。

　この島は80年ほど前に、ある日、突然、住民もろとも沈んでしまった。

　中島敦（1909-42）は東大国文科卒。1941年パラオ南洋庁国語教科書編集書記として赴任し、民話を収集した。

王子と乞食（The Prince and the Pauper）アメリカの作家マーク・トウェーン Mark Twain（1835-1910）の小説。

 1547年ごろ、英国民の三分の一は貧しかった。主人公のトムは乞食で、王宮のまわりをうろついていた。まわりには貧しい人たちが、一目、王子を見ようと門のところに群がっていた。門衛が、こら、あっちへ行け、とトムをたたいた。ちょうどそこへ王子が通りかかって、子供をたたいちゃいかん、中へ入れてやりなさい、と言った。王子はトムを自分の部屋へ案内した。鏡で見ると、二人は、とてもよく似ていた。「いくつ？」「9歳だよ」「同じだね」「兄弟は？」「姉さんが二人いる」「ぼくは姉さんが一人だ。そこが違うね」二人はご馳走の朝食を食べた。「ねえ、一日だけ、身分を変えようよ。」

 乞食姿で、お城を脱出した王子は、ロンドンの貧しい人たちと、その生活を見た。一方、お城の中で、にわかに王子になったトムは、お城の中の礼儀作法が分かるはずがない。ところが、本当の王子が、乞食姿になってロンドンを見物している間に、王様が急死した。明日は王子が王様に昇格しなければならない。わずか9歳で英国王になったエドワード6世は、庶民の生活をつぶさに見たので、貧しい人々のために、よい政治を行なった。

 表題のpauperはラテン語pauper（ポーパー）「貧しい」からの借用語。ラテン語pauper（パウペル）がフランス語pauvre（ポーヴル）を経て英語poorになった。beggar「乞食」は、本来の英語である。村岡花子訳『王子と乞食』平凡社 1927.

おじいさんのランプ（Grandfather's Lamp）新美南吉著

「これなに、おじいさん、鉄砲?」「これはランプといって、昔は、これで明かりをつけたんだよ。でも、なつかしいものを見つけたね」と言いながら、おじいさんは小さいころの話をしてくれました。

おじいさんは13歳のころ、人力車でお客さんを運ぶ仕事をしていた。お駄賃に15銭（1銭は1円の100分の1）もらった。それでランプ屋に行ってランプをおくれ、と言ったら、その3倍するよ、と言われた。でも、どうしても欲しかったので、お金がたまったら、かならず払うから、と言って、ランプを1つもらった。

おじいさんはランプをもっとたくさん買って、ランプ屋を始めたんだよ。よく売れたから、もうかったよ。

その後、村にも電燈がつくようになった。ランプは売れなくなった。油をささなければならないし、天井が黒くなる。電燈は、その点、清潔で、便利だ。

文明開化といっても字が読めなくては、お話にならない。それで、おじいさんは区長の家に行って、字の読み方を教わった。本が読めるようになると、毎日が楽しくなった。それで本屋を始めたのさ。おじいさんは、仕入れた本は、夜になると、一生懸命に読んだよ。おまえのお父さんが、おじいさんの本屋を継いだんだよ。学校もでき、みんな勉強できるような、よい世の中になった。

［注］新美南吉（1913-1943）児童文学者。東京外語学校英文科卒。『赤い鳥』の鈴木三重吉に認められる。

オックスフォード(Oxford) 英国の音声学者で英語学者でもあったHenry Sweet(1845-1912)はオックスフォードのInstitutio Tayloriana(近代語研究所)の音声学助教授であった。オックスフォード大学当局は、なぜか教授に採用せず、冷遇していた。1903年秋文部省留学生の平田禿木(とくぼく)(1873-1943)がオックスフォードに来たとき、スウィートの「近代語の実際教授法」という講義があるのを知って、自分の英国留学の目的にピッタリだと思って聴講に行ったら、テイラー研究所のだだっ広い講堂に自分がたった一人いるきりだった。一人じゃしょうがないから、やめようと先生はおっしゃって、その代わり自宅の研究室においでと誘ってくださった。teaのときはladiesがつまらない話をするので、もっとおそい時間においでと言った。(1912年、英語青年)

大人の眼と子供の眼(The Grownup's Eye and the Child's Eye) 水上瀧太郎(1887-1940)著。

　ぼくのお父さんは月給100円かな。お母さんに聞くとそんなこと子供が知るものではありません、と叱られた。おじさんに聞いてみた。「ぼくのお父さんの月給100円?」「とんでもない、その3倍はあるよ」「おじさんはいくら?」「ぼくは100円の半分の半分かな」。だが、半分だなんて、うそだ。おじさんは外国行きの船に乗っていて、外国のバナナやパイナップルのおみやげを買ってきてくれるんだもの。はやく大人になりたいなあ。

　ぼくが大人になって、100円の月給取りになってみる

と一家を構えるどころか、二階の一部屋にくすぶっていて、満員電車で通勤していた。目の前の川は、もっとずっと広かったはずだが、大人になってみると、案外、狭かった。子供のときは、石を投げると、途中でポチャンと落ちてしまったのに、今では、簡単に向こう岸まで届いてしまった。

　子供の眼と大人の眼は違うんだ。量（quantity）ではなく、質（quality）の問題なのだ。子供の眼が夢見る眼ならば、大人の眼は現実を見る眼、批判の眼なのだ。あの格好のよかったおじさんは、友人の借金を背負って、東京にいられなくなり、北海道へ引っ越して亡くなってしまった。［注］水上瀧太郎、小説家、慶大卒。

恩知らずの兵士（Ungrateful Soldier）スウェーデンとデンマークが戦っていた。デンマーク兵が水筒から水を飲もうとしたとき、倒れていたスウェーデン兵が、水を少し下さいと言ったので、敵だが、水筒を渡した。すると相手はピストルを撃った。さいわい弾は当たらなかったが「この恩知らずめ」と言って水筒を奪い返し、半分を自分が飲み、残りを敵に与えた。スウェーデン南部のスコーネ地方は昔、デンマーク領だった。（Baldwin）

快走（かいそう Running refreshes 1938）岡本かの子著。

　道子は女学校を卒業して、家で母の手伝いをしていた。ある日、多摩川の土手をマラソンした。堤防の幅は91センチである。女学校時代はランニングの選手だったのだ。とても快適だった。汗をかいたあと、銭湯に行ってリフ

レッシュした。マラソンを家族には秘密にしていた。

　銭湯が長いわね、と母の声は怪訝(けげん)だった。ある日、母は娘と一緒に銭湯に行った。1時間も入っていると、ゆだってしまった。あやしいわね、と母が。親というものは、なぜ、こうも、うるさいんだろうと、道子は思った。

　母は道子の兄に頼んだ。本当に銭湯に行くのか、あとをつけて行ってみてよ、と。兄は不承不承、それに従った。ある日、母は父に告げた。銭湯は、どんなに長くても40分よ、それなのにあの子、2時間もかかるのよ。すると父が言うには「銭湯のあとで、どこかに行くところがあるんじゃないか」。

　道子に手紙がきた。女学校の友人からである。手紙といえども、気になる。母は父と相談して、こっそり中身を読んだ。「道子さんが毎晩マラソンしているなんて、学校時代を思い出すわね」とあった。ほほう、と父が言った。道子のマラソン姿を見てみたいものだな。早速、明日の晩、食事のあとで、あの子が銭湯に出かけるといったら、あとをつけてみようじゃないか。そして、それは実行された。で、両親は安心した。

『岡本かの子の世界展』(川崎市民ミュージアム 1989)

外套(The Overcoat, ロシア語 Sinel'(シニェーリ), 1840)

　ロシアの作家ニコライ・ゴーゴリ(Nikolai Gogol', 1809-1852)の小説。ペテルブルク(ロシアの旧都)の役所にアカーキイ・アカーキェヴィチという貧しい九等官が勤めていた。彼は下級のままだった。ロシアの冬は

寒い。外套は必需品だ。だが彼の外套はつぎはぎだらけで、これ以上補修ができないほどになっていた。彼は倹約に倹約をかさねて、ようやく新しい外套を買うことが出来た。上役が新調を祝って夜会を開いてくれたが、その帰り道で、追剥に、財布の次に大事な外套を奪われてしまった。彼は悲しみと憤りのあまり、寝込んでしまいそのまま死んでしまった。すると、まもなく、ペテルブルクに外套をさがす幽霊が出るようになった。大都会のしかも、官職にありながら、貧富、階級の乗り越えられぬ格差がある。ドストイェフスキーは「われわれはすべてゴーゴリの『外套』から出発した」と言っている。

釜石線（Kamaishi Line）宮沢賢治が愛した岩手軽便鉄道が再整備され、全線が1950年に開通した。銀河ドリームライン駅名のエスペラント愛称が、1995年JR東日本企画、佐藤勝一監修で作成された。

［エスペラント語の発音注意：ĉ [tʃ], c [ts], ŝ [ʃ], ĝ [dʒ], ja ヤ, jo ヨ；-jは名詞の複数；名詞は -o, 形容詞は -aに終わる。エスペラント語の単語は、フランス語かドイツ語を連想できることが多い］以下、7つほど掲げる。

①花巻 Ĉielarko チエラルコ「虹」cf. フ arc-en-ciel. 花巻駅前再開発計画、レインボー計画；②似内 La Marbordo「海岸」イギリス海岸の最寄駅；③新花巻 Stelaro「星座」新幹線への乗換駅、銀河ステーション；④遠野 Folkloro；⑤釜石 La Oceano オツェアノ「大洋、太平洋」；⑥大槌 Lumoturo「灯台」駅前に灯台あり；⑦吉里

吉里（井上ひさしの小説）Reĝolando レジョランド「王国」
鴨長明（Kamo no Chōmei, 1155-1216）歌人。『方丈記』
Notes from My Ten Foot Square Hut, 1212. 晩年に方丈（3m×3m）の小屋を作り、隠居生活を送りながら、歌を詠んだ。ゆく河の流れは絶えずして、しかももとの水にあらず。よどみに浮かぶうたかたは、かつ消え、かつ結びて、久しくとどまりたるためしなし。世の中にある人と栖(すみか)と、またかくのごとし。The river flows ceaselessly. And yet, the water is never the same. Bubbles on stagnation vanish and combine. They never remain the same. Such is man and his home in this world.

カラスとイヌの会話（The crow and the dog）
　①カラスがイヌ小屋の上にとまっている。おなかがペコペコで機嫌がわるい。「イヌさん、あなたは贅沢な生活をしていますね。それに暖かそうな小屋もある。ぼくは寒い中を飛びまわって、エサを探さねばならない。」
　②イヌが答える。「小鳥さん、ぼくのごはんを食べておくれ。ぼくのように食事と家があっても、あなたは嬉しくないと思うよ。ぼくは貧しくとも自由に走りまわりたい。鎖につながれてお皿のビフテキを食べるよりも。」

から太鼓（The Empty Drum）トルストイの民話の第18章で、ヴォルガ伝説である（1891）。
　エメリャンは雇われ労働者であった。ある日、仕事に出かける途中、牧場を横切るときに、あぶないところでカエルを踏んでしまうところだった。ホッとして先に行

こうとすると、呼ぶ声がする。振り向くと、可愛らしい少女が立っていた。彼女が言った。
「エメリャン、あなたはなぜ結婚なさらないのですか。」
「私なんか、どうして結婚などできましょう。いま着ているものしか持っていません。誰も私と結婚したいとは思わないでしょう。」
「私と結婚しなさいな」と彼女は言った。
　エメリャンは彼女が気に入った。「喜んでそうしましょう。でも、どこで、どうやって生活できるでしょう。」
「何も心配ありませんわ。たくさん働いて、少し眠ればいいのよ。衣類や食料はどこにでもあるわ。」
「それはよかった。結婚しましょう。でも、どこへ行ったらいいんですか。」
「町へ行きましょう。」
　そこでエメリャンと少女は町へ行った。彼女は彼を町はずれの小さな小屋へ連れて行った。そこで二人は結婚し、生活を始めた。
　ある日、王が町を通って、エメリャンの小屋の前を通りすぎた。エメリャンの妻は王を見に出て来た。王は彼女に気付いて、驚いた。
「こんな美人はどこから来たんだろう。」王は馬車を止めて、彼女に声をかけた。「あなたはどなたですか。」
「農夫エメリャンの妻です。」
「なぜあなたのような美しい方が農夫と結婚なさったのですか。あなたは女王になるべき方です。」

「ありがとうございます。でも、私は農夫の妻で十分にしあわせです。」

王は宮殿に帰ったが、彼女のことが頭から離れられず、一晩中眠れなかった。どうしたら彼女を手に入れることができるか。翌日、王は召使いたちを呼んで相談した。

「エメリャンを宮殿に呼んで、仕事をさせなさい。死ぬほど働かせなさい。彼の妻が未亡人になったら、彼女が手に入りますよ。」

王はその忠告に従った。

使者がエメリャンのところへ来て、王の命令を伝えた。妻は言った。「エメリャン、行って、仕事をして来なさい。でも、夜は家に帰ってきてください。」

エメリャンが宮殿に来ると、二人分の仕事が与えられた。できるかなあ、と心配したが、夕方になると、仕事は全部終了した。翌日は四倍の仕事を課さねばならないと執事は思った。

エメリャンが帰宅すると、妻は食事を用意して待っていた。「お仕事はどうでしたか。」「ひどいよ、とても出来そうにないほど働かせるんだ。仕事で殺すつもりだ。」「ごくろうさま、でも、どこまで終わったか、どれだけ残っているかは気にかけずに、前も後も見ないで、晩まで働きなさい、そうすれば、うまく行きますよ。」

翌日、妻に言われたように、一生懸命働いた。夕方にはすべて終了し、夜には帰宅することができた。

エメリャンの仕事はどんどん増やされたが、全部やっ

てのけた。召使いたちは荒仕事ではつぶせないと考えて技術の要る仕事を課した。だが、大工仕事、石工、屋根ふき、何でも、全部こなした。こうして2週間が過ぎた。

王はいらだった。「何か名案を考えろ!」「宮殿の前に大聖堂を一晩で建てさせてはいかがですか。命令を実行できなかったら、首をはねたらいいですよ。」

エメリャンは王の命令を聞いて、まっ青になって帰宅した。妻に事の次第を告げると、「落胆しないで、食事をして、おやすみなさい。明日は朝早く起きてください。」

エメリャンが翌朝、起きると、妻は言った。「このクギとハンマーを持って行きなさい。残りの個所を仕上げれば夕方には完成します。」

王はびっくりした。エメリャンは大聖堂の最後の仕上げをしていたのだ。召使いたちが呼ばれた。「別の仕事を考えろ!」「宮殿のまわりに川を作り、船を浮かばせるというのは、いかがですか。」

この命令がエメリャンに伝えられた。彼は、今度こそダメだと思ったが、妻が解決してくれた。

翌日、宮殿に行くと、ほんの少し仕事が残っているだけだった。夕方には全部が完成した。

王は、一晩のうちに川ができて、船が浮いているのを見て、びっくりしたが、嬉しくはなかった。

「もっと名案を考えろ!」

召使いたちは「どこだか分からないところへ行って、何だか分からない物を持ってこい」(Go to there, don't

know where, and bring back that, don't know what! = ロシア語Podi tudá, – ne znaj kudá, i prinesí to, – ne znaj čegó）という課題を案出した。

「何を持ち帰っても、それは違うと言えば、命令に背いたことになり、首をはねることができますよ。」

王はこの案が気に入った。そして、この命令がエメリャンに伝えられた。彼はこの課題を妻に伝えた。

妻は言った。「いよいよ、おばあさんの手を借りなければならなくなったわ。今晩は遠くへ行っていたかねばなりません。この紙入れと錘（つむ）を持って、私のおばあさんのところへ行ってください。これを見せれば、あなたが私の夫であることがわかってもらえます。彼女は兵士たちの母なのです。」

エメリャンは言われたとおりにした。おばあさんは事の次第を知り、やっと悲しみが終わるときが来ました、とエメリャンに言った。そして、なすべきことを告げた。「この空太鼓（からだいこ）を持って行きなさい。もし王に、それは違う、と言われたら、違うのなら、壊してしまわねばなりません、と言って、太鼓を叩きながら、川に持って行き、粉々に壊して、川の中に捨てなさい。」

翌日、王のもとにそれを持参した。案の定、「それは違う」と王は言った。エメリャンは答えた。「違うのなら、壊してしまって、悪魔に持ち去ってもらわねばなりません」と言って、太鼓を叩きながら、川に向かった。

王の兵士たちはエメリャンの後にゾロゾロとついて行った。王は窓から兵士たちに向かって「ついて行くな」と命令したが、彼らはそれには耳を貸さず、エメリャンの後に続いた。川に着くと、エメリャンは太鼓を粉砕し、川に投げ捨てた。すると、兵隊たちはいっせいに逃げてしまって、宮殿には帰らなかった。

　それ以後、王はエメリャンを悩ませることをやめた。それで、二人はやっとしあわせに暮らした。

カレワラ（Kalevala）フィンランドの叙事詩。フィンランド建国の英雄ワイナモイネン（Väinämöinen）はカンテレ（ハープ）の名人で、生まれながらに白髪の老人だった。彼がハープを奏でると、湖の魚は涙を流し、その涙が真珠になった。ある日、美しい乙女アイノ（Aino）に求婚した。母は娘が英雄と結婚できるなんて、と喜んだ。だが娘は、老人の玩具となり、杖となるよりは、魚と友達になったほうがよいと言って、湖に飛び込んで死んでしまった。世の母よ、娘がいやだという結婚を強いるな、と母は泣きに泣いて、涙が三日三晩、流れ流れて、川となり、湖になった。フィンランドは千湖の国（land of a thousand lakes）である。（カレワラ第4章）Kaleva-la は英雄カレワ Kaleva の国の意味。-la は「国」Pohjo-la ポホヨラ「北の国、暗い国」; Tapio-la タピオラ「森の神タピオの国」; Tuone-la トゥオネラ「死の国」; ravinto-la「レストラン」ravinto「食事」。Finlandia, India, Italia, Russia, Scandinavia などの -ia にあたる。

かわいそう(pity)だは惚れたってことよ。Pity is almost love. 夏目漱石訳。

キャラメル工場から(From the caramel factory, 1928)

　佐多稲子（1904-1998）の自伝的作品。ひろ子は貧しかったので、小学校5年からキャラメル工場で働いていた。郷里の先生が、小学校だけは卒業しておいたら、と言ってくれた。ある朝、祖母が言った。「もう一杯食べといで。」「時間がないの。遅れちゃうと入れないの。」先日彼女は初めて遅刻した。彼女の工場では遅刻が許されなかった。工場の門限はきっちり7時であった。まだ電燈のついている電車は、印襦袢や菜っ葉服で一ぱいだった。ひろ子は大人達の足の間から割り込んだ。彼女も同じ労働者であった。か弱い小さな労働者、馬に食われる一本の草のような。「感心だね、ねえちゃん。どこまで行くんだい」と、席をあけてくれた小父さんが言葉をかけてくれた。「父ちゃんはどうしているんだい。」ひろ子は答えた。「仕事がないの。」ひろ子はそれが恥ずかしかった。その後、ひろ子は住み込みのチャンそば屋に転職した。(『プロレタリア芸術』1928年2月号)

　佐多稲子は18歳の中学生と15歳の女学生との幼い恋から生まれた。小学校に入学するとき母親が死んだ。父は長崎三菱造船に就職したが、そこをやめて上京し、貧困のどん底に落ち入った。1923年ころ、丸善の店員時代に、見そめられて結婚したが、長くは続かなかった。その後、作家仲間の文学青年窪川鶴次郎と結婚した。

ギリシア（Greece）はローマとともに、ヨーロッパ文明の発祥地であった。哲学philosophy, 神学theology, 文献学philology, 心理学psychology, 音楽music, 詩学poetics, 詩学関係の抒情詩lyric, 叙事詩epic, 弱強格（例Berlin）iambic, 強弱格（例Tokyo）trochaic, 医学用語、病名も、ほとんどすべてギリシア語である。文学literatureだけはラテン語litterātūraからきて、littera（文字）にnātūra（自然）などの名詞語尾-tūraがついた。「文学」に当たるギリシア語はない。ローマの子弟は、みなアテネに留学した。ローマは武力でギリシアを征服したが、文化的にはギリシアが優っていた。

吉里吉里人（Kirikiri people）　井上ひさしの小説(1981)。岩手県釜石線に吉里吉里という駅と人口4,200人の村がある。独立の王国で、独自の貨幣、政府、大学、病院、飛行場があり、外国と自由に貿易を行ない、自給自足の理想郷である。私は6月のある日、上野発23時21分の十和田3号で盛岡に向かい、翌日、釜石線の吉里吉里駅に着いた。ここで入国審査を受けるのだが、私は拒否されてしまった。入国にはパスポートが必要なのだ。

銀河鉄道の夜（The Night on the Milky Way Road）

　ジョバンニ（Giovanni）は父が行方不明だった。そのことで、学校でいじめられ、放課後は印刷所で働かなければならなかった。次の日、学校で先生から質問された。答えが分かっていたが、疲れていて答えられなかった。

　親友のカムパネルラ（Campanella；イタリア語、女

性名詞）も、彼に気をつかってわざと答えなかった。

　星祭の夜、ジョバンニは、偶然、同級生のザネッリ（Zanelli）に出会って、悪口を言われた。それで、一人さびしく町はずれの丘で星空を眺めていた。

　すると、目の前が急に明るくなり、気がつくと、ジョバンニは汽車に乗っていた。見ると、向かい側には親友のカムパネルラがいるではないか。二人は銀河鉄道に乗って、宇宙旅行をした。ジョバンニはこの旅で本当の幸せを探そうと決心した。そして、ぼくたち、一緒に進んで行こう、とカムパネルラに語りかけた。

　しかし、次の瞬間、彼の姿はどこにも見当たらず、気がつくと、自分は星空を眺めていた丘にいた。そして、カムパネルラがザネッリを助けようとして、川に飛び込んで、溺れ死んだことを知った。

　宮沢賢治（1896-1933）の童話で死後発見された。

金の鍵（The Golden Key）グリム童話KHM200

　男の子が寒い冬の日に、森へ薪を拾いに行きました。あまり寒いので、たき火をして暖まろうとしました。雪の下をひっかいていると、小さな黄金の鍵が見つかりました。鍵があるからには、きっと錠もあるにちがいありません。案の定、小さな箱があり、その錠に鍵を差し込むと、パチッ、音がして、合うではありませんか！　これはグリムの200童話の最後のお話です。中には、何が入っているのでしょう。宝物、お金、お話、幸福、健康、祝福…でも、よいものばかりとはかぎりませんね。

金のガチョウ（The Golden Goose）グリム童話KHM64

　三人の兄弟の長男が山へ薪（たきぎ）を採りに行きました。森の中で出会った小人に、お弁当を分けてよ、言われましたが、いやだよ、と断りました。長男は、たきぎを採るどころか、怪我をして帰って来ただけでした。次男も同じでした。今度はぼくに行かせてよと、おばかさんの三男が行くことになりました。母親は粗末なお弁当を作って持たせました。三男は森の中で出会った小人に、お弁当を分けてあげたので、お礼に、金のガチョウを貰いました。家に帰る途中、宿屋の娘がこのガチョウの羽を一枚引き抜こうと思ってさわると、くっついて離れません。このあとに二人の娘、牧師、寺男…と七人の行列ができました。この珍風景を見ていたお姫様がゲラゲラ笑い出しました。「姫を笑わせた者には彼女を妻として与える」と王様がおふれを出していたのです。

グルメ（gourmet）は食通、美食家、豪華料理の意味だが、フランス語なので、ballet, cabaretがバレー、キャバレーとなるように語尾の-tが発音されない。gourmetは「召使い、ワイン商の下僕」の意味だったが、「飲食物に通じた人」の意味になった。1987年には一億総グルメ時代という表現があらわれた。飢餓国民だった日本人がテレビでもラジオでもグルメ、グルメと言っている。日本に来た外国人が言う。どのチャンネルを押しても料理番組ばかりだ、と。戦後のハンガー世代には贅沢はいらない。毎日、家での食事が一番のグルメなのだから。

クリントン(Clinton) 一字加えてクリキントン。

1991-2003年の間、津田塾大学で言語学概論の授業をしていたとき、学生たちが俳句を作り、その英訳をした。

Ku-rin-ton, add-ing	5 syllables
one more letter, makes the word	7
the chest-nut sweet-ie.	5 (1994年)

ケルト語と言語学(Celtic and linguistics)

ケルト語は旧ヨーロッパ大陸に広く分布していたが、いまは西の片隅に、アイルランド、スコットランド、ウェールズ、フランスのブルターニュ地方に残るだけだ。

Bonnの語源は何ですか。1965年11月ボン大学言語学教授クノープロッホ先生(Prof.Dr.Johann Knobloch, 1919-2010)にお伺いしたところ、Siedlung(村)ですよ、とおっしゃった。先生は当時、進行中の『言語学辞典』(Carl Winter, Heidelberg, 1961-)の編者だったので、私は、それを頼って留学先にボン大学を選んだのだった。戦後、紙は貴重だった。先生はいつも広告の裏にある余白を利用して、言語学関係のメモをしていた。

大陸ケルト語であるガリア語bona(村、町)はVindo-bona(ウィーン、原義は白い町)に見られる。語根beは「居る」から「人がいるところ、村」となった。

『アルプスの少女ハイジ』の舞台マイエンフェルトMaienfeldのmaienはmagos「野原」の集合名詞で、ケルト語だが、それを知らない人のために、ドイツ語feld「野原」を添えた二言語併記(bilingual)である。

言語 (language)

　言語 (language) は音声 [ringo] または文字「リンゴ」のような記号の体系である。人は言語によって伝達 (コミュニケーション) を行なう。

　言語には (1) 言語一般、人間言語をさす場合と、(2) 日本語、英語のように個別言語をさす場合がある。日本語と英語は (1) も (2) も同じであるが、フランス語は両者を区別して、(1) を langage (ランガージュ)、(2) を langue (ラング) と言う。langue は女性名詞、langage は男性名詞で、langage はラテン語 linguaticum「言語的なもの」からきている。ラテン語 lingua は「言語」「舌」の両義あり、「舌」は言語発声に重要な役割を演じる。英語 tongue も「舌」と「言語」の両義があり、mother tongue「母語、母国語」に見られる。

　[ringo] は音声記号であるが、「りんご」「リンゴ」「林檎」は文字記号である。この記号の体系は社会の習慣によって (つまり言語によって) 異なる。英語では [æpl] が音声記号、apple, Apple, APPLE が文字記号となる。

　人間言語の特徴。人間の言語が動物の言語と異なる点は次の二点である。(1) 言語の記号を構成する音声と、それが意味するもの (言語記号の意味) との間には、必然的な関係がない。赤くまるい果物を日本語では [ringo] と発音し、「りんご」と書くが、この物体と名称の間には、なんの動機性もない。それゆえに、日本語では「りんご」といい、英語では apple [アップル]、フ

ランス語ではpomme［ポム］、スペイン語ではmanzana［マンサナ］という。この相違は社会習慣の相違による。

(2)「これはりんごです」という文の「りんご」の代わりに「みかん」「なし」「本」「単語」を入れると、別の文になる。このように文を単語に分けることができる。以上を第一次分節（first articulation）という。

次に、「りんご」を「れんご」（連語）、「ろんご」（論語）のように母音を変えると、別の単語になる。また、「これ」koreの語頭の子音を変えて「それ」sore,「どれ」dore、「のれ」nore（乗れ）とすると、別の単語になる。このように単語を音の単位に分けることができる。この音の単位を音素（phoneme）という。「これ」は1語、2音節、4個の音素k-o-r-eからなる。単語を音素に分けることを第二次分節（second articulation）という。

このように、20〜40個の音素（その数は言語によって異なる）を組み合わせて形態素（morpheme；意味をもつ最小の単位）を作る。「先生たち」は「先生」と「たち」の2個の単語（形態素）に分けられる。teachersはteach-er-sに分けて、「教える」「人」「たち」の3個の形態素に分けられる。このように、形態素を組み合わせて単語を作り、単語を組み合わせて、文を無限につくることができる。フランスの言語学者アンドレ・マルティネ（André Martinet, 1908-1999）は、1949年、この人間言語の特性を言語の二重分節（double articulation）と呼んだ。

音声言語と文字言語。音声があって文字をもたない言語はある（アイヌ語もそうだった）が、文字があって音声をもたない言語は存在しない（ラテン語のような死語は除く）。音声言語は、話し手の表情や身ぶりを伴うので、文字言語よりも情報価値が高い場合がある。しかし、ラテン語のことわざ「言葉は飛んでしまうが、書き物は残る」(verba volant, scripta manent) にあるように、文字言語は保存性・証拠性の点で、より便利である（録音機のない場合）。また外国語の学習者にとっては、文字言語のほうが理解しやすいこともある。文字言語は一般に保守的で、音声言語との間に差が生じる。「きょうはどちらへおでかけですか」と書かれるが、発音は「きょう<u>わ</u>」「どちら<u>え</u>」となる。英語の文字と発音の相違（不一致）は、特に有名である。たとえばenoughのghの発音 [f]、womenのoの発音 [i]、nationのtiの発音 [ʃ] から gh-o-ti (ghoti) の発音が [fiʃ] となる。これは文字と発音が一致しない極端な例である。

　言語の機能。言語の機能は、まず第一に伝達（コミュニケーション）であるが、それは、話し手（speaker）の表現行為（encoding, コードに入れること）と聞き手（hearer）の理解行為（decoding, コードを解くこと）からなる。「きょうはどちらへお出かけですか」という話し手に、「子供の授業参観がありますの」という聞き手の反応があれば、伝達が効果を生じたことになる。「そんなこと余計なお世話だ」と返事が来ないこともある。

また、言語がアイデンティティ（身分証明）の基準となることもある。「われは日本人なり。日本語を話す」。あるいは、アラビア語に堪能なアメリカの女性記者が、アラビア語をあやつり、包囲されたイラクからまんまと脱出したなど、この例である。言語は、また、遊びの道具という機能もある。しりとり、だじゃれ、回文（たけやぶやけた、のように前から読んでも、うしろから読んでも同じ文）、なぞなぞ、もじり（parody, p.155）「光は東方より、ぜいたくは西方より」などもある。

　ラングとパロール（langue and parole）辞書に登録されている日本語も「言語」だが、私たちが日常に用いる日本語も「言語」である。後者は「日本語」という全体像の一部である。これをスイスの言語学者ソシュール（Ferdinand de Saussure, 1857-1913）はラング（言語）とパロール（言）と呼んだ。ラングは全体的・社会的・恒常的・潜在的であるのに対して、パロールは部分的・個人的・臨時的・潜在的である。言語学が扱うのはラングである（ソシュール）が、最近はパロールの研究も盛んである。

　言語の変異。言語と一口にいっても、同じ日本語でありながら、文書では「私の妻」が会話では「うちの家内」となったり、話し相手によっては「おれんちのやつ」となったりする。一つの言語が、第1図のように、①地理的（geographical）方言、②社会的（social）方言、③話の場面による（situational, phatic）差異、という三つの

75

軸からなる立方体系（diasystem）を作る（第1図）。

　地理的な方言：日本語には、東京方言、関西方言、琉球方言（琉球語）がある。英語にはイギリス英語、アメリカ英語、オーストラリア英語、インド英語；ドイツ語には高地ドイツ語（High German標準語）、低地ドイツ語（Low German；オランダ語に近い）；パリのフランス語（標準語）と南フランス語（プロヴァンス語）がある。

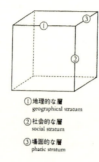

①地理的な層
geographical stratum

②社会的な層
social stratum

③場面的な層
phatic stratum

第1図：言語の立方体系

　社会的な方言（social dialects）は上流階級の言語、下層階級の言語、職業語、学生語などをさす。

　話の場面による差異（situational, phatic variants）は文語、口語、手紙、舞台などによる差異をさす。

　言語の構造（structure of language）。一言語は、テキストから音素までの、大小9種の単位（units）からなる構造を持っている。1. テキスト、2. 段落（パラグラフ）、3. 完結文（ピリオド）、4. 文（センテンス）、5.

節（クローズ）、6. 句（フレーズ）、7. 語（ワード）、8. 形態素（モーフィーム）、9. 音素（フォウニーム）。9. が言語の最小の単位。

　例を英語で示す。They are teachers.（彼らは先生である）は1. 2. 3. 4. 5. が同じで、1個。7. 語が3語。8. 形態素がteach-er-s（教える・人・たち）で3個。9. teach（教える）の音素はt-ea-chで3個。tをbeach, each（子音ゼロ）、reachに変えると別の語になるので、tは意味の相違を表す最小の単位となる。

　言語の最小の単位である音素（phoneme）について見る。母音の音素にはi, a, uの3個（アラビア語、タガログ語）、i, e, a, o, uの5個（日本語、スペイン語）、i, e, a, o, u, ü, öの7個（フィンランド語；iの円唇ü、eの円唇ö）、i-e, ü-ö, ɪ-a, u-oの8個（トルコ語）などの型がある。フィンランド語やトルコ語は母音調和（vowel harmony）の規則があり、1語の中に異質の母音を許さない。フィンランド語：Tokyo-ssa（東京にて）、Helsingi-ssä（ヘルシンキにて）。トルコ語ev（家）の複数はev-lerだが、kitap（本）の複数はkitap-larとなる。

　子音音素は次頁のように11〜12個を基本にしている。
　アクセントも意味を区別するので、音素となる。
　オ↗カ↘シ（カにアクセント；低高低）お菓子
　オ↗カ￣シ（カシにアクセント；低高高）お貸し
　オ↘カシ（オにアクセント；高低低）岡氏
　母音音素と子音音素を組み合わせて形態素を作る。音

母音と子音の体系
(1) 三母音体系
 [i] [a] [u]
 アラビア語、タガログ語など。
(2) 五母音体系
 [i] [e] [a] [o] [u]
 日本語、スペイン語など。
(3) 七母音体系
 [i] [e] [a] [o] [u] および [ü] [ö]
 [ü] [ö] は円唇 (lip-rounding) を伴って発音される。
 フィンランド語など。
(4) 八母音体系
 [i] [ü] [ɪ] [u]
 [e] [ö] [a] [o]
 トルコ語など。
(5) 子音体系 [pbm唇音] [tdn歯音] [kgŋ口蓋音]
 [p] [t] [k] [無声閉鎖音]
 [b] [d] [g] [有声閉鎖音]
 [m] [n] [ŋ] [鼻音]
 [r] [l] [流音 liquids；m, n も流音]
(6) 子音体系 [口蓋摩擦音 palatal fricatives]
 [s] [ʃ] [c=ts] [č=tš]
 [z] [ʒ] [dʒ]

声言語［buk］文字言語bookの複数［buk-s］文字言語book-sは2個の形態素からなる。この上全体にアクセントがかぶせられて音声言語として実現される。「お」という形態素と「菓子」という形態素が結びついて「お菓子」という1語を形成する。「岡氏の持ってきたお菓子をお貸し」のように「お菓子」という語に主語、修飾語、動詞などが加えられて文となる。形態素も語も文も、線状（linearity）をなしている。この線状性は言語の特性の一つである。文法構造は、多くの場合、階層構造（hierarchical structure）をなしている。「岡氏の持ってきたお菓子をお貸し」という文の各要素のかかり具合と、「これは岡氏がくれたお菓子です」という文を分析すると、第2図（次頁）のようになる。

「彼は月曜日に来る」という文において、言語の単位「彼」「は」「月曜日」「に」「来る」は隣り合わせに並んでいる。これを言語単位が統合関係（syntagmatic relation）にあるという。一方、「彼」の代わりに「彼女」「先生」「友人」「私」「君」などを置き換えても文が成立するので、その場合、彼・彼女・先生・友人・私・君は系合関係（paradigmatic relation）にあるという。このことは音素や形態素についてもあてはまる。同じように月曜日・火曜日・水曜日などは系合関係にあり、来る・行く・帰る・働くなども系合関係にある。

　単語の結びつき。英語はcold water, cold winterのようにcoldは「水」とも「冬」とも結びつくが、日本語

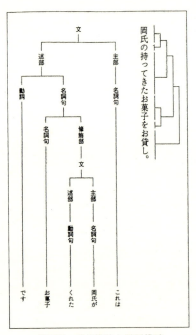

第2図：線状構造と階層構造

では「冷たい」と「寒い」の形容詞を使い分けねばならない。これは、英語のcoldが日本語の「冷たい」と「寒い」の両方をカバーしていることになる。この場合、英語のcoldは意味の領域が日本語の場合より広いことになる。同様に、日本語では「ご飯を<u>食べる</u>」「スープを<u>飲む</u>」と動詞を使い分けるのに、英語ではeat rice, eat soupのように両方ともeatを使う。eatの領域が広い。

言語と社会（language and society）言語は社会的な制度である。「りんご」という言葉は日本という言語社会で通用するが、英語の社会（言語共同体）では「アップル」といわねばならない。同様にフランス語の社会では「ポム」という。同じ日本の中でも、地方によって言葉が違うことがある。「薬指」は、薬をつけるときに使うことから、こう呼ばれるのだが、方言によって「名なし指」「紅さし指」などともいう。これは地域方言であるための相違である。「おはよう」「おはようございます」は、相手が家族・友人・先輩・先生によって異なる社会方言の例である。

文化や政治の中心地には標準語が発達して地方に広がり、地域方言を圧迫することが生じる。このことから、古い言語形式が、地方の辺境に残ることがある。

日本は実質的には一言語社会であるが、一つの国に二つ以上の言語が行われる場合は、二言語併用、三言語併用などが起こる。スイスのドイツ語とフランス語とイタリア語、ベルギーのフランス語とオランダ語はよく知られた例である。カナダには英語圏とフランス語圏がある。旧ソ連ではロシア語と民族語（グルジア語、アルメニア語、アゼルバイジャン語など）の二言語併用（bilingualism）が日常的であった。インドでは、公式に憲法が認める言語だけでも15もある。国内に数か国語が行われる場合、その国家で正式の国語として認められている言語を公用語（official language）という。上記

のスイスの公用語はドイツ語・フランス語・イタリア語・レトロマン語の四言語である。

国際化がますます進む現代においては、母国語（mother tongue）のほかに、国際的に通用する言語を第二言語として習得すると便利である。そのような国際語として有力な言語は、英語のほかに、フランス語、ドイツ語、スペイン語、ロシア語などである。

国際理解と親善の目的で作られた人工語（artificial language）もある。人工語の試みは300以上もあるが、そのうち最も成功しているのは、1887年ポーランドの眼科医ザメンホフ（L.L.Zamenhof）が創造したエスペラント（Esperanto, 希望する者の意味）である。-antoは「…する人」の語尾で、英語のassistantの-antにあたる。

言語と社会の関係を扱う学問は社会言語学（sociolinguistics）で、1960年代以後、非常に盛んである。女性語、敬語、クレオール語なども社会言語学のテーマとなる。クレオールは「白人と土着民の間の子供」をさす。クレオール語はピジン語（pidgin＜business）とも言い、植民者と土着民の言語が混ざり合った言語である。ハワイのhaus moni（＝money house）「銀行」、ハイチのli vini（he comes）はliもviniもフランス語起源だが、人称変化しない。

言語と文化（language and culture）。言語は文学・神話・伝説・宗教などとともに精神文化に属し、衣食住・建築・芸術などの物質文化に対する。言語は文化の表現

者である（Language is the bearer of culture）。ドイツ語ではKulturträger（'culture-bearer'）という。

日本語では1月、2月、3月、4月のように月名は「第何月」というが、英語（ドイツ語やフランス語も）のJanuary, February, March, April…はローマの神や皇帝の名に由来する語を用いる。9月以後は2か月ずれてSeptember（7番目の月）、October（8番目の月）のようにいう。日曜日、月曜日、火曜日…をポルトガル語ではdomingo（主の日）、segunda-feira（第二日）、terça-feira（第三日）…という。中国語では月曜日が「第一日」、火曜日が「第二日」…土曜日が「第六日」となる。ロシア語では日曜日「復活」、月曜日「休日のあとの日」、火曜日「第二日」、水曜日「中間日」、木曜日「第四日」、金曜日「第五日」、土曜日「安息日」という。日本語では「朝食」というが、英語のbreakfastは「断食を破ること」の意味である。

言語の変化（change of language）。万物は流転する（pánta rheî. パンタ・レイ）はギリシアのヘラクレイトスの言葉である。言語も例外ではない。言語は時代とともに変化するが、その速度は緩慢で、話し手が気づかないうちに、一世代あるいは数百年の間に起こる。変化は音韻、形態、統辞、語彙にわたる。

日本語の音韻変化の例をあげると、奈良時代にあったkötö「事、言」、kötö「琴」、kökörö「心」、kökönö「九」などのオ乙類は焼失し、kuro「黒」、sora「空」、sato「里」、

fato「鳩」などのオ甲類と同じになった。öはドイツ語のöと同様、半狭前舌円唇母音である（Goetheゲーテのoeの短い音）。また、イ音便tugite→tuide「次いで」、ウ音便osofite→osoute「襲うて」、促音便arite→atte「あって」などが生じた。kw→kの結果、kwashi→kashi「菓子」となり、「歌詞」と同音異語になった。文法の領域では、ラ行変格活用・四段活用・ナ行変格活用が四段活用に合流した。意味変化：「貴様」は身分の高い「尊いあなた様」だったが、いまは卑称(ひしょう)（pejorative）である。

　英語の歴史をみると、冠詞・名詞・形容詞の主格・目的格の区別がなくなり、the manが［男は］「男に」「男を」のいずれにも用いられるようになった。その意味は文中の位置（語順）によって決定される。また、古代英語にあった4種類の動詞活用語尾も三人称単数の-sだけになった。古代英語のbeorg「山」、ēa「川」、blōstma「花」が用いられなくなり、フランス語からのmountain, river, flowerが用いられ、blōstmaはblossomとなった。

　言語の分類（classification of languages）。世界の言語は約6,000語あるといわれる。その分類法は系統的（genealogical）、地理的（geographical）、類型的（typological）の三種類がある。最も普通の科学的なものは、系統的分類である。系統が不明の場合は地理的分類が行われる。

　日本語の系統は、まだ確定的なことは知られていない。地理的には東アジアの言語で、類型的には膠着(こうちゃく)（agglutinative)語に入れられる。「わたくしたちの」は「わたくし・たち・の」のように、ニカワでくっつけたように、つなげられるが、英語のourは1語で、分析することができない。英語は、系統的にはゲルマン語派に属し、それは、さらに、インド・ヨーロッパ語族に属する。地理的にはヨーロッパの言語であり、類型的には屈折語（inflectional language）である。系統的分類は、次項の「世界の言語」で述べる。

　地理的分類は、系統的な分類が確定しない場合に行われる。アメリカインディアンの言語（アメリカインディアン諸語）は、ヨーロッパ人が到着する以前は、大小約2,000と推定される。これらは、便宜的に、北米インディアン、中米インディオ、南米インディオの三群に分類される。インディオはスペイン語の形である。「言語の山」と呼ばれたコーカサス地方には約40の言語（総人口500万）が行われ、スラヴ系ともチュルク系とも異なる孤立した言語群であるが、これも西コーカサス、東コーカサス、南コーカサスの三つのグループに分類される。南コーカサス諸語の中に使用人口330万のグルジア語が入っている。これら三者が一語族を構成するか否かは確定していない。

　類型的分類のうち有名なものは19世紀のドイツの言語学者シュレーゲルFriedrich SchlegelおよびフンボルトWilhelm von Humboldtの、次の四つの型である。

（1）孤立型（isolating type）。語は実質的意味のみを

示し、文法的機能は語の位置によって示される。中国語「我愛你」(ウォーアイニー)は「私はあなたを愛します」、「你愛我」(ニーアイウォー)は「あなたは私を愛します」の意味で、「は」とか「を」は「我」とか「你」の位置で決まる。英語の The boy loves the girl.（少年は少女を愛する）、The girl loves the boy.（少女は少年を愛する）も、語順で主語や目的語が示されるので、孤立語の要素が見られる。

（2）膠着型（agglutinating type）。膠着（こうちゃく）は「ニカワでくっつけるように」の意味である。日本語「わたくし・たち・の」で示したが、トルコ語がその典型で、ev「家」から ev-ler（エヴレル）「家々」、ev-in「家の」、ev-ler-in「家々の」が作られ、sev（セヴ）「愛する」から sev-mek（セヴメク）「愛すること」、sev-me-mek「愛さないこと」、sev-il-mek「愛されること」が作られる。「私は愛する」は sev-iyor-um という。(i) yor は現在、um は私。

（3）屈折型（inflecting type）。ラテン語やギリシア語のようなインド・ヨーロッパ語族がその好例である。ラテン語 puer puellam amat（少年は少女を愛する）において、puer「少年は」puellam「少女を」amat「愛する」のように、puer は主語、puellam は目的語を表す。語形が格変化を示している。ama-t の -t は3人称単数の語尾である。これに反して、英語は the boy や the girl は動詞の前にあるか後にあるかによって主語か目的語を示す。

（4）抱合型（polysynthetic or incorporating type）。文を構成するすべての要素が結合して一つながりになり、

文全体が一語のように見える。北極圏にあるグリーンランド語kavfiliorniarumagaluarpunga（私は喜んでコーヒーを作りましょう）は、基本語kavfi（発音kaffiコーヒー）に-lior（作る）、-niar（するつもりである）、-umagaluar（喜んで…しましょう）、-punga（1人称単数の語尾）をつけたもので、1語が1文をなしている。この文はデンマークの言語学者Louis Hjelmslev（イエルムスレウ）の『言語学入門』（原著1963；日本語訳1968）の中の例である。

　一般的に、中国語は孤立型、アルタイ語・ウラル語は膠着型、アメリカインディアン語は抱合型に属する。しかしこの型が、そのまま、あてはまる言語は、ほとんどなく、たいていは、混合型を示している。たとえば、日本語は、上掲のように、「私」→「私は」「私の」「私を」「私たち」「私たちの」のように膠着型の言語であるといわれているが、「書く」の変化形kak-u, kak-a, kak-i, kak-eは屈折型を示しており、英語のsing, sang, sungやman→men, foot→feetは屈折的であるが、play→played, played, work→worked, worked, boy→boys, book→booksは膠着的である。Many people come（人が大勢来る）は中国語のような孤立型を示している。

　シュレーゲルは屈折語をさらに分析的言語（analytic language）と総合的言語（synthetic language）に分けた。英語He will have come.（彼は来てしまっているだろう）とラテン語vēnerit（同じ意味）を比べると、英語

は「彼は」「だろう」「しまって」「来る」主語・未来・完了・来るの4者が別々に表現されているので分析的であるが、ラテン語は4個の概念が1語の中に表現されているので総合的であるという。

　世界の言語（languages of the world）。世界の言語の総数は、1960年代までは、約3,000といわれてきたが、最近は6,000といわれている。そのうち3,000は、21世紀中に死滅するといわれている。言語の数は、方言とみるか一言語とみるかによっても異なる。琉球のことばは日本語の方言なのか琉球語なのか。英語と米語は一つと数えるのか、別々に数えるのか。ホンコンの人々は北京語のテレビを字幕で理解しているが、中国語は一言語なのか、五方言を独立の言語と解して、五言語なのか。アフリカのバントゥー諸語（Bantu）の数は専門家により350から700と異なる。

　以下に、主要な語族と言語と人口を掲げる。

　インド・ヨーロッパ語族（Indo-European, 印欧語族）：150言語、20億人。そのうち、インド・イラン語派（サンスクリット語、ヒンディー語、ペルシア語など）6億人、ゲルマン語派（英語、ドイツ語、オランダ語、デンマーク語など）5億人、ロマンス語派（フランス語、スペイン語、ポルトガル語、イタリア語、ルーマニア語など）4億人、スラヴ語派（ロシア語、ポーランド語、チェコ語、セルビア語、ブルガリア語など）3億人。ほかにケルト語派（アイルランド語、ウェールズ語、ブル

トン語など)、ギリシア語、アルバニア語、アルメニア語がある。死語（dead language）のラテン語、サンスクリット語、ヒッタイト語、トカラ語などがある。インド・ヨーロッパ語族のうち、比較言語学で重要なのはサンスクリット語、ギリシア語、ラテン語である。インド・ヨーロッパ語族は書記文献が古くから豊富にあり（ヒッタイト語は紀元前1700年）、世界最大の語族である。

シナ・チベット語族（Sino-Tibetan）：30言語、11.1億。中国語10億、タイ語5,000万、チベット・ビルマ諸語1.1億。

オーストロネシア語族（Austronesian）：500言語、2億。うち、インドネシア語1.5億。

アフリカ諸語（African）：680言語。バントゥー諸語1億。これは部分的に次項と重複する

アフロ・アジア語族 Afro-Asian（セム語族・ハム諸語）：20言語、1.3億。うちアラビア語8,000万、ほかにヘブライ語300万。

ドラビダ語族（Dravidian）：20言語、1.4億。うちタミル語3,800万。

日本語：1.2億。

ウラル語族（Uralic）、アルタイ諸語（Altaic）：40言語、1億。うちウラル語族のハンガリー語1,300万、フィンランド語500万。アルタイはトルコ語4,000万、モンゴル語500万。

朝鮮語5,000万、モン・クメール語族750万、コーカサス諸語500万、アメリカインディアン諸語（26語族）1,200万、バスク語60万、エスキモー・アレウト語族8万、オーストラリア諸語4.7万。

　コーカサスとバスクには能格 ergative case があり The man stops the car（男は車を止める）の the man は能格、the car は主格に置かれる。The car stops（車は止まる）の the car は主格。

　言語人口1億以上（第二言語としての話者も含む）の言語は次の12言語である。中国語10億、英語4.7億、ヒンディー語（サンスクリット文字）・ウルドゥー語（アラビア文字）3.3億（両者は文字が異なるのみ）、ロシア語2.8億、スペイン語3億、アラビア語1.5億、インドネシア語1.5億、ポルトガル語1.4億、ベンガル語1.25億、フランス語1.2億、日本語1.2億、ドイツ語1億。

　世界諸言語の起源（origin of the languages of the world）。イタリアのトロンベッティ（A. Trombetti）は言語の一元説（monogenism of languages）すなわち、世界の約6,000言語は、もともと一つの言語から分かれてきたことを提唱したが、今日のほとんどの学者は多元説（polygenism）をとっている。ドイツの言語学者マイヤー（G.F.Meier）は50万年前に、すでに400から500の祖語（proto-languages）があった、と推定している（G.F.& B.Meier: Handbuch der Linguistik und Kommunikationswissenschaft, Bd.1, Berlin 1979）。

研究の最も進んでいるインド・ヨーロッパ語族の場合、その祖語（最古の言語状態）は紀元前5000〜4000年紀に設定され、英語father comes, ラテン語pater venit「父は来る」は、ともに印欧祖語*pətēr gwémeti（パテール・グウェメティ）にさかのぼると考えられる。*pətēr の*（アステリスク）は推定形を示す。

世界5,103言語の地理的分布（Barbara Grimesによる）

アジア州　1,562言語（31％）

アフリカ州　1,600言語（31％）

大洋州　1,034言語（20％）

南北アメリカ州　812言語（16％）

ヨーロッパ州　55言語（1％）

中東地域　40言語（1％）

Barbara F.Grimes編Ethnologue（Summer Institute of Linguistics. 199613）においては、キプロスはヨーロッパに、旧ソ連はアジアに入れられている。

第1回国際言語学者会議（International Congress of Linguists）がオランダのハーグで開催された。会長はライデン大学教授ユーレンベック（Christianus Cornelius Uhlenbeck, 1866-1951）で、参加者は311名だった。最近は5年ごとに開催され、第13回は1982年8月、東京の都市会館で開催された。会長は服部四郎（1908-1995, 東京大学名誉教授）、参加者は48か国からの1,448名であった。事務局は学習院大学文学部内に置かれた。

[参考文献]

Saussure, Ferdinand de(1916, ソシュール) 小林英夫訳『一般言語学講義』岩波書店1972.

Jespersen, Otto (1922, イェスペルセン) 市河三喜・神保格訳『言語』岩波書店1927。

Jespersen (1924, Sprogets logik 1913を増補) 半田一郎訳『文法の原理』岩波書店1958.

Sapir, Edward (1921, サピア) 泉井久之助訳『言語－ことばの研究』紀伊國屋書店1957.

Bloomfield, Leonard (1933, ブルームフィールド) 三宅鴻・日野資純訳『言語』大修館書店1962.

亀井孝・河野六郎・千野栄一編『言語学大辞典』「世界言語編」全5巻、「術語編」三省堂1988-1993.「世界言語編」は日本の言語学者200名（累計1036名）が世界の3600言語を記述し、内容の精度は外国にも例がない。The Sanseido Encyclopaedia of Linguistics.

Meillet-Cohen (1924, メイエ・コーアン編) 泉井久之助監訳『世界の言語』朝日新聞社1954.

Martinet, André (1960, マルティネ) 三宅徳嘉訳『一般言語学要理』岩波書店1972.

市河三喜・高津春繁・服部四郎編『世界の言語』（上巻：印欧諸語、下巻：東洋諸語、日本語、アイヌ語を含む）研究社1952-55.

服部四郎『音声学』岩波書店1951.

下宮『言語学I』（寺澤芳雄監修『英語学解題』第1巻）研究社1998. ［古典50点の解題と基本文献1,000点］

下宮『世界の言語と国のハンドブック』大学書林、2000.

(『ブリタニカ国際大百科事典』東京、1995)

幸運の長靴(Galoshes of Fortune) アンデルセン童話

　コペンハーゲンのあるお屋敷でパーティーが開かれていました。話題は中世と現代のどちらがよいか、というのです。法律顧問官クナップはハンス王(1481-1513)の時代がよかったという意見でした。このお屋敷の玄関には幸運の長靴が置いてありました。それを履くと自分の行きたいところへ行くことができるのです。

　顧問官は、家に帰るときに、うっかりこの長靴を履いてしまったものですから、彼が望んでいたハンス王の時代に行ってしまったのです。ですから、ふだんは立派な舗道なのに、今晩は、ぬかるみです。おや、街灯もみんな消えている。そうだ、辻馬車に乗って帰ることにしよう。だが辻馬車はどこだ。店が一軒もないじゃないか。しばらく行くと、酒場をかねた宿屋に出ました。おかみさんに「クリスチャンスハウンまで辻馬車を呼んでくださいませんか」と頼みましたが、15世紀のことですから何のことやら、話が通じません。

　顧問官はいままで、こんな野蛮で無学な連中に会ったことは、ありませんでした。まるでデンマークが異教の昔に戻ってしまったようでした。「そうだ、なんとかして逃げ出そう」と戸口まで這い出したとき、長靴が、追いかけてきた人たちに、つかまってしまいました。しかし、さいわいなことに、長靴がぬげて、それと同時に魔法も解けてしまいました。そして、顧問官は東通りに出て、辻馬車に乗って家に帰ることができました。

コーカサスの虜（とりこ）A Prisoner in the Caucasus, ロシア語Kavkázskij plénnik, 1872. トルストイの子供のためのお話の一つである。

ジーリンはコーカサスの部隊に勤めていた。ある日、母から手紙を受け取った。「私は、もう長くはない。死ぬ前に一度会いたい。よい娘がいるから気に入ったら結婚しておくれ。」

私は隊長のところへ行って、休暇を願い出た。仲間たちはウォトカvodka（＜vodá水）で別れの会を開いてくれた。当時、コーカサス地方はタタール人との戦いで、部隊を離れることは危険であった。昼も夜も、こちらが少人数であると見るや、捕えられ、殺されるか、莫大な身代金を取られるのだ。私の愛馬は、小さいときから育てた優秀な馬だったが、射殺されて、私は地上に落ち、たちまち捕えられてしまった。身代金に3000ルーブル必要だと、とんでもない。父親はいないし、老いた母親がいるだけだよ、500ルーブルがやっとだ、というと、それで承知した。私はでたらめの住所を書いた。母は私の送金で暮らしているのだから、そんな余裕はない。

私は、あてがわれた納屋で1か月暮らした。夜の間、少しずつ、穴を掘った。番犬にチーズをやって、馴らしておいた。私はついに脱出に成功した。森を抜けると、15人ほどのコサックがいた。コサックは騎兵で、ロシア軍の友人である。結局、私は、もとの部隊に戻った。母に会うのは、別の機会を待たねばならない。

コーヒー（coffee）は江戸時代にオランダ語koffieから来た。英語よりも早い。語源はアラビア語で、トルコから、パリに入り、社交界の必需品となった。ウィーン会議で活躍したフランスの外交官タレーラン・ペリゴールTalleyrand-Périgord（1754-1838）の描いたコーヒーの理想像は「コーヒーは地獄のように熱く、悪魔のように黒く、天使のように清く、恋のように甘いのがよい」。

こころ（Kokoro）夏目漱石の小説（1914）。

　私は鎌倉の海岸で先生と知り合った。私は、いつも先生と呼んでいた。先生は私との間に一定の距離を置こうとしていた。先生は人間というものを信じていないことに気づいた。先生の人生から何かを学びたいと思っていたので、過去に何があったのかを聞き出そうとしたが、先生は時期が来たら話しましょう、と答えただけだった。

　大学を卒業して、私は田舎へ帰った。病床の父が危篤の日、先生から手紙が届いた。その手紙には、先生の過去と自殺を決意したことが書かれていた。大学時代、先生は下宿のお嬢さんに好意を寄せていた。先生は同じ下宿に同居している親友のKから、同じお嬢さんに激しく恋していることを告白された。それを聞いて、先生はKを出しぬいてお嬢さんと婚約した。それを知って、Kは自殺してしまった。その後、先生はお嬢さんと結婚することができた。しかし、それ以来、先生は、ずっと罪の意識にさいなまれて生きてきた。自殺を決意した先生は私との約束を守るために、長い手紙を書き残したのだ。

ごはん(rice) 泣いたあと、いつもほかほかの白いごはんを、そっとそっと、たべるのです。おかずはたくあんひときれ、ただそれだけで、なんとなく、しあわせな気持ちになるのです。作詞：高田ひろお、作曲：網倉一也、編曲：宮崎慎二、歌：あさみ・ちゆき。深夜便の歌2011年11月・12月。仕事にも恋にも破れた娘が、故郷の母を思い出し、泣きながら白いごはんとたくあんを食べる。でも、いまさら、故郷へは帰れない。

小人たち(The Little Elves) グリム童話KHM39
（第1話）貧しい靴屋が最後に残った靴の革を裁断して明日縫うつもりでした。ところが、朝起きてみると、靴は名人が作ったかのように、きれいに縫い上げてありました。いったいだれが？ いつもより高く売れたので、この日は2足分の革を買うことができました。これを裁断しておくと、次の朝も、2足の靴がちゃんと出来上がっていました。次の朝は4足とふえました。こうして、靴屋は次第に暮らしが楽になりました。ある晩、こっそり夫婦がすみからのぞいて見ると、二人の小人がせっせと作っているではありませんか。夫婦は小人たちに、赤い帽子とドレスと靴を作ってプレゼントしました。

（第2話）働き者の女中が一通の手紙をもらいました。字が読めませんので、屋敷の人に読んでもらいました。小人の一族がお産の手伝いに来てほしいというのです。みんなが行っておいでと言うので、出かけました。お産が無事に終わり、おみやげにたくさん金貨をもらって帰

りました。彼女は小人の国に3日間いただけなのに、人間の世界では7年もの歳月がたっていました。もといた屋敷には、知っている人が、だれもいませんでした。

小人の贈り物（The Presents of Little Folk）グリム182

仕立屋（tailor）と金細工師（goldsmith）が一緒に旅をしていました。仕事をしながら、見聞を広めるためです。ある日、途中で日が暮れてしまいました。見ると、丘の上で小人たちが楽しそうに踊っています。二人にもぜひ入りなさい、と言うので、一緒に輪になって踊りました。終わると、小人の親方が、山のように積み上げてある石炭をポケットに入れて持ち帰れと言うのです。こんなもの、と思いましたが、言われるままにして山を下り、宿をとって寝ました。朝起きてみると、なんと、昨日もらった石炭が、純金に変わっているではありませんか。仕立屋は、それだけで満足しましたが、金細工師はもっと欲しいと思って、次の晩も丘に行きました。そして、今度は三袋も石炭を貰って帰りました。ところが、翌朝見ると、金に変わっていないばかりか、昨晩の金も石炭に戻っていました。欲張った罰が、当たったのですね。仕立屋のほうは、もとのままでした。仕立屋は、泣いている金細工師を慰めて、この金があれば二人で生活できるよ、と仲よく一緒に旅を続けました。

コルネリアの宝石（Cornelia's jewels）ローマの舞踏会で婦人たちは宝石をちりばめた衣装をしていた。コルネリア、あなたは宝石がないの？　夫に死なれた彼女にそ

んな余裕はない。私の宝石はここよ、と、かたわらにいた二人の幼い息子を抱きしめた。二人は、のちに、立派な将軍になった。

ゴンギツネ（Fox Gon）新美南吉の童話。

ゴンギツネは一人ぼっちでした。畑のイモは食い散らすし、兵十（ひょうじゅう）がお母さんのためにせっかくとったウナギは食べちゃうし、とんでもない、いたずらばかりしていました。

ある日、お葬式がありました。兵十のお母さんが、亡くなったのです。そうか、兵十はおかあさんに食べさせるためにウナギをとっていたのだ、わるいことをしたな、とゴンギツネは後悔しました。なんとかして、つぐないをしなければ、と考えました。そこで、イワシ売りのおじさんからイワシを盗んで、兵十の家に置いたのです。

その後も、クリやマツタケも届けました。一体、誰だろう、と思いながらが、おいしく、いただきました。

ある日、ゴンギツネが、部屋にやってきました。そんなことは知りませんから、お前だな、さんざん、わるさをしやがって、と火縄銃でゴンギツネを撃ち殺してしまいました。ところが、ゴンギツネは、今日も、おみやげを持ってきたところだったのです。

そうか、お前だったのか。ごめんね、誤解して。お前は小さい時から、ひとりぼっちだったんだよね。ぼくはつい最近まで、お母さんと一緒だったけれど。兵十は、ていねいにゴンギツネを葬ってやりました。

コンサイス・オックスフォード辞典（C.O.D.）

The Concise Oxford Dictionary of Current English. Adapted by H.W.Fowler and F.G.Fowler from The Oxford Dictionary. Fourth ed. revised by E.McIntosh. Oxford at the Clarendon Press, 1952. xvi, 1523pp.

序文に辞書を作る人（dictionary-maker）は、あらゆる分野の知識を備えていなければならないとある。全知（omniscience, ギリシャ語panepistêmē）が必要なのだ。

この辞書は私が1955年旺文社洋書部に勤めていたとき、廃棄処分所で見つけた。C.O.D.について中川芳太郎（1882-1939）は『英文学風物誌』（研究社1933；本書p.44）の緒言の中で「C.O.D.はここ20年あまり離れがたき好伴侶であった」と記している。これはC.O.D.に対する最良の賛辞（eulogy）と思われる。

ポケット・オックスフォード辞典（P.O.D.）コンサイス版がオックスフォード英語辞典（O.E.D.）の子供ならポケット版は孫である。アジア版は紙質が薄くカバーもビニールで、英国版より使いやすい。小型なので、いつも手元において書き込み用に使っている。

C.O.D.で初めて学んだのはMiddle の項のMiddle Kingdom（＝China）だった。日本語でも「中国」だ。

dictionary, glossary, secretary, vocabularyを並べると、glossaryとsecretaryから形容詞glossarial, secretarialを作ることができるが、dictionaryとvocabularyからは、できない。言語は一筋縄では行かないの例。

作詞家（songwriter）岩谷時子（1916-2013）は恋のバカンス、恋の季節、ウナ・セラ・ディ東京（'one evening in Tokyo'）などの作詞家だった。宝塚の編集部に勤務しながら越路吹雪（1924-1980）のマネージャーをしていたが、その謝金はとらなかった。二人は二人三脚 three-legged だった。越路の代表作の一つである「愛の讃歌」（L'hymne à l'amour, 作詞エディット・ピアフ）は岩谷の訳詩だった。作曲家・内藤法美（つねみ）と結婚していた越路がある日、岩谷に尋ねた。あなたは結婚しないの、恋人はいないの。すると、岩谷は答えた。私は詞の中で大勢の男性に会ったの、だから、それで十分なの。

作詞家・西沢爽 Nishizawa Sō（1919-2000）島倉千代子（1938-2013）を発見、からたち日記など2000曲を作詞。『日本近代歌謡史』で国学院大学より文学博士。

サラリーマン（salaried man）残酷物語。
「サラリーマンは気楽な稼業ときたもんだ」の時代と異なり、今はノルマをこなさなければ日曜も休めない。東大卒のエリート女子社員が自殺し社会問題になった。

サラリーマンの語源はラテン語 salarium（塩の代金）で、もと、兵士の給料が塩の代金だった。sal は塩で、salad は塩であえた物の意味である（-ada は過去分詞）。

サラリーマンの女性形は OL つまりオフィス・レディーといった。英国詩人シェリーの「冬来たりなば春遠からじ」をもじって、「冬来たりなば OL 生活待っている」と歌った津田塾大生がいた。

三四郎 (Sanshirō) 夏目漱石の小説 (1908)

　熊本の第五高等学校を卒業した小川三四郎は東京の大学に入学した。東京へ向かう車中で、三四郎はヒゲの男と知り合った。中学校の教師だと思った。郷里の先輩を訪ねた帰りに三四郎は大学の構内にある池のとほりで、うちわをかざした若い女性を見かけた。ある日、先輩の妹を見舞いに行ったが、その病院で、三四郎は、うちわの女と再会した。友人から広田先生を紹介された。この人は汽車の中で出会ったヒゲの男だった。

　広田先生の引っ越しの手伝いに行ったとき、あの、うちわの女に出会った。彼女は里見美禰(みね)子といった。三四郎は彼女と徐々に親しくなっていった。団子坂の菊人形展に広田先生たちと一緒に出かけたとき、三四郎と美禰子は、みんなから、はぐれてしまった。そのとき、三四郎は彼女への感情を自覚した。

　二人の仲は深まるかと思われたが、三四郎は美禰子の態度に解けない謎を感じた。やがて、三四郎は美禰子が結婚するという、うわさを耳にした。三四郎は美禰子に真偽を問うた。美禰子は聞き取れないくらいに小さな声で「われはわが咎(とが)を知る。わが罪は常にわが前にあり」(I acknowledge my transgressions: and my sin is ever before me) と言って三四郎の前から姿を消した。『それから』1909 (p.118),『門』1910 (p.179) とともに三部作をなす。『三四郎』で実らなかった恋愛が『それから』と『門』で成就する。『門』cf.p.49

山椒大夫（Sanshōdayū, 1915）森鷗外作。

母と娘と息子が筑紫（福岡）に赴任している父を訪ねて岩代（福島）から九州に向かっていた。母は30歳、娘の安寿は14歳、息子の厨子王は12歳だった。越後（新潟）に出たとき、人買いから、筑紫まで行くのであれば、陸路より航路のほうが安全だと言われたが、これは三人を騙すためだった。厨子王と姉は丹後（京都）へ、母は佐渡へ売られてしまった。

丹後へ連れて行かれた厨子王と姉は、山椒大夫のもとで働くことになった。厨子王は芝刈が、姉の安寿は汐汲みが仕事であった。二人はお互いに励まし合いながら働いていた。冬が過ぎたころ、姉も芝刈りに行けるよう、山椒大夫に頼んだ。

厨子王と姉は仕事場に出かけたが、姉は、いつもとは違う高台へ行き、「私に構わず、都へ逃げなさい」と厨子王に告げた。厨子王は姉の言いつけに従い、目に涙を浮かべながら都に向かい、追手から無事に逃げ切ることが出来た。

京都で厨子王は出世し、7年後には丹後の役人となった。そして人身売買（slave trade）を禁止して、部下に母と姉の情報を探らせた。

姉は厨子王を逃がしたあと、自殺していた。しかし、母は盲目となって佐渡で生きていることが分かり、無事に再会を果たした。厨子王は山椒大夫に復讐し、奴隷のように働いていた若い男女を解放した。

塩狩峠（Shiokari Pass）三浦綾子の小説（1968）

　塩狩峠は北海道の宗谷本線・旭川から北へ6駅さき、塩狩駅の手前にある。主人公の永野信夫が明治10年（1877）東京の本郷に生まれ、明治42年（1909）塩狩峠で亡くなるまでの生涯が描かれている。

　信夫は8歳のとき、自分の生みの母に初めて会った。母は、小学校の根本芳子先生のように美しく、よい香りがした。妹がいることも知らなかった。信夫の母がクリスチャンだったので、祖母がこれをきらって、お前の母は死んだと言い聞かせて育てたのである。

　その祖母が死んだので、信夫は日本銀行勤務の父と母の菊と妹の待子と4人で暮らすことができるようになった。肉や卵焼きを初めて食べた。とてもおいしかった。祖母は魚や野菜の煮つけしか食べさせてくれなかった。

　小学校で吉川は信夫の無二の親友だった。吉川には、待子と同年の妹ふじ子がいた。ふじ子は、自分の妹と同じにかわいい子だったが、足が少しびっこだった。4人でお手玉、おはじき、かくれんぼをして遊んだ。かくれんぼのとき、すぐそばにいたふじ子の足を初めて見たがそのときの感触が忘れられなかった。吉川は「お坊さんになる」、信夫は「先生になる」と将来を語り合った。吉川の父は、ことあるごとに、母をなぐっていたので、お坊さんになって、母をなぐさめたいと思ったのだ。

　吉川の父は郵便局に勤めていたが、酒飲みで、借金がかさなり、一家は北海道へ引っ越さねばならなかった。

吉川は小学校を卒業すると、すぐに札幌の鉄道に勤めて一家を養うことになった。信夫も、父が同じころ卒中で亡くなったので、中学を卒業すると、就職した。父の上司の世話で裁判所の事務員になった。

信夫は、北海道に渡ったふじ子が、何の罪もないのに足が不自由で、その上肺病とカリエスで寝ていることを知った。彼は可憐なふじ子が手のとどくところにいたいと思って、母、妹と別れ、裁判所もやめた。そして、東京を離れ、札幌の炭鉱鉄道会社に転職した。吉川は喜んで歓迎した。ふじ子のかかっているカリエスは結核菌で骨が腐る病気だ。ふじ子を医者に診せる余裕は貧しい吉川にはない。信夫は名医と評判の先生を訪ねた。「必ず治るという信念をもつこと、小魚や野菜をよく嚙んで食べ、身体をきれいに拭くこと」という助言を得て、ふじ子の兄と母に伝えた。母は、身体を拭くと、病原菌がさらに進むのではないかと思っていた。ふじ子は少しずつ健康を取り戻した。信夫が25歳のとき21歳のふじ子に求婚した。7年後ふじ子は結婚できるまでに回復した。

だが、日曜日、信夫が伝道からの帰途、塩狩峠に来たとき、機関車から客車が切断されて、スピードで下り始めた。信夫はこの作業の責任者ではないが、ハンドブレーキで客車をとめようとして、車輪の下敷きになった。乗客は全員が助かったが、信夫が犠牲になった。32歳だった。最愛の人を失ったふじ子は信仰が助けてくれるだろう。Fujiko will be consoled by faith.

重信房子（Shigenobu 町田市出身, 1945-；2006年禁固20年の判決を受け、服役中）の娘、重信メイ。1973年ベイルート生まれ。父はパレスチナ人の活動家。レバノン大学で国際政治とジャーナリズム専攻。2001年母が逮捕されると同時に日本に来た。日本のほうが安全。

死せる魂（Dead Souls, ロシア語 Mërtvye duši, 1841）ロシアの作家ニコライ・ゴーゴリ（1809-1852）の小説。中年の紳士が宿屋に馬車で乗りつけた。そして宿帳に「6等官パーヴェル・イワノーヴィチ・チーチコフ、地主、私用旅行」と記した。彼は何百人もの農奴をもっている地主たちを訪問し、死んだ農奴の名前を集めていた。その名前を抵当に一人につき200ルーブリの借金をすることができることを知ったからである。ゴーゴリはこの作品をイタリアのローマで書き始め、ダンテの『神曲』のように三部作にし、第一部をロシアの悪、第二部を主人公の贖罪、第三部を人類救済とする計画だったが、第一部が完成しただけで第二部は原稿を火に投げて焼いた。

自動死体処理機（automatic funeral processor）

　上記の英語と日本語の表現は正確には一致しないが、こんな機械があったらいいなと考えた。サブタイトルは「あなたのお骨をセラミックにいたします」。使用料は20万〜30万円。お医者さんから、いのちはもうはいくらもありませんよと言われ、生きる希望を失ったら、自分から機械の中に入ってボタンを押す。死の苦痛は全然ない（安楽死 euthanasia）。

お骨は門札のようなセラミックになる。大きさは縦16センチ、横8センチ、厚さ1.5センチ（愛用の三省堂デイリーコンサイス英和辞典と同じ）に横書きで名前が漢字とローマ字で、それと生没年（西暦）が記される。死亡通知20〜30枚が発送される。あて先は家族、親せき、友人、市役所。市役所へはマイナンバーも添える。そこから年金機構に通知され年金が中止される。

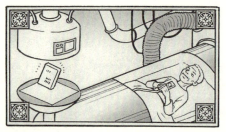

しっかり者の錫の兵隊（The Steadfast Tin-Soldier）アンデルセン童話。

おもちゃ箱に25人の錫の兵隊がいました。一本の匙から作られたので、みな兄弟でしたが、一人だけ一本足の兵隊がいました。材料がたりなくて、一本になってしまったのです。一本足でも、しっかり立っていました。

テーブルの上には紙で作られたお城がありました。そこに踊り子が片足を高くあげていました。一本足の兵隊は、同じ一本足の踊り子に恋をしました。

次の朝、一本足の兵隊は窓ぎわに立たされ、四階から下の往来にまっさかさまに落ちてしまいました。坊ちゃ

んと女中が探しましたが、見つかりません。町の男の子が二人、錫の兵隊を見つけました。二人は新聞紙でボートを作り、錫の兵隊を乗せて、みぞに流しました。ボートの新聞紙が破れ、兵隊は沈みそうになりました。

　そのとき、踊り子の声が聞こえました。「さよなら、兵隊さん。」紙が破れ、兵隊が水の中に落ちると、大きな魚がやってきて、パクッと食べてしまいました。その魚が市場に運ばれ、このお屋敷の女中が買ったのです。「こんなところにあったのね。」しかし、坊ちゃんが兵隊をストーブの中にほうりこんでしまいました。風がサーッと吹いて、踊り子もストーブの中に飛びこんでしまったのです。まあ、なんという偶然でしょう。次の朝、女中がストーブの灰の中にハートの形をした錫を見つけました。［この紙ボートの模型がオーデンセ川にある］

社会階級（classes of society）［Chamberlain, B.H.］

　日本の社会に士農工商の四つの階級があった。武士（samurai 'warrior'、その長が大名）、農民（peasantry）、職人（artisans）、商人（tradespeople）の順序だった。

推敲（polish）原稿を20回推敲せよ。たえず磨いて、磨き直せ、とフランスの詩人ボワロー（N.Boileau, 1636-1711）は書いている。Vingt fois sur le métier remettez votre ouvrage：polissez-le sans cesse et le repolissez.

スカイライナー（Skyliner）

　童話と空想の天才であったアンデルセンは、1000年後には人間も鳥と同じように空を飛ぶことができるだろう

と予言したが、この夢は、予想よりもはるかに早く、1903年に、ライト兄弟によって実現した。

羽田空港は都内から便利な電車があるが、成田空港までは時間がかかる。そこで上野からはスカイライナーという便利な特急が誕生した。ライナーは一直線に走るの意味である。スカイツリー、スカイタワー、スカイスクレーパー（摩天楼）とならんで20世紀の新語である。

スカイレストランは空中に浮かんでいるような高層ビルのレストランのことである。東京の渋谷にあった東邦生命ビル31階のオスロというスカイレストランは、その名のとおり、新宿や池袋を一望のもとに見おろしながら、北欧の肉料理・野菜料理40種類とドリンクをバイキング形式で楽しめる。筆者は1976年以来大学院学生と一緒に何度か利用したが2004年に閉店してしまった。

空港は和語でいえば「空の港」だが、英語airportと同様、実にうまい造語である。このような表現（翻訳借用）が明治時代以後、日本語を豊かにした。

お母さんがお父さんと喧嘩して、娘に電話した。「お母さんパリに渡米してくるからね」そして出発してしまった。外国に行くことが「渡米」なのか。留学は外国に勉強に行く意味だが、国内留学、駅前留学（という名の外国語教室）など、世界はせまくなった。

スキタイ（Scythiaスキュタイ）人の国。前6世紀から前3世紀まで黒海北方の草原地帯にいたイラン系の遊牧民族。グリム兄弟の『ドイツ伝説』379によると、フン

族の猟師たちがアゾフ海（the Sea of Azov, Maotic Sea）の岸に来たとき、目の前に一匹の牝鹿があらわれた。牝鹿は海の中に入り、前に進んでは立ち止まりして彼らに道を案内した。海だから渡るのは不可能、と思っていたのに、目の前にスキュタイの美しい国を発見した。彼らは国に帰り、新大陸の発見を告げた。一同は喜び勇んで新しい土地に移住した。今日のコーカサスのオセティア（Ossetia, 首都ウラジカフカス）にあたる。

宗教（religion）［Chamberlain, B.H.］日本人は仏教とキリスト教に寛容だった。日本人の宗教は古い神道で仏教と儒教の影響を受けている。日本人は宗教をもたない民族だといわれる。福澤諭吉は「私は宗教をもっていないし、どんな宗教も信じたことがない」と言っている。

重複（reduplication）日本語「人々」「山々」「パラパラ」など同一の音や音節の反復。ギリシア語やラテン語では過去形に語幹の1音節が前に置かれる。ギ gráphō「書く」gé-grapha「書いた」；ラ canō「歌う」ce-cinī「歌った」

種族（race）［Chamberlain, B.H.］日本民族はどこから来たか。この問題の最大の権威であるベルツとライン（Baelz, Rein）によると、日本人はモンゴル人だとしている。モンゴル人の一部が日本に渡って定住したことは確かだ。すなわち、朝鮮人、中国人が渡来した。重大な難点は、日本語が近隣の言語と著しく異なっていることだ。［2017年現在、日本語は孤立していて、近隣のいかなる言語とも親族関係genetic relationshipがない］

春琴抄(The Portrait of Shunkin, 1933) 谷崎潤一郎。

　大阪の薬屋の娘、春琴は両親の愛を一身に受けて育ったが、9歳のとき、不運にも失明した。盲目ながら、彼女は音曲(music)の道で天賦の才を示し、のちに琴の師範として大成した。容姿は淡麗にして優雅だが、わがままで気位が高かった。奉公人の佐助は目が見えぬ春琴を琴の先生のもとに送り迎えして、献身的に奉仕した。やがて、二人は同じ屋根の下に暮らし、内縁関係であったが、封建的な師弟関係を続けていた。

　春琴は才能には秀でていたが、気位が高く、性格が気難しかったため、弟子たちから反感を買うことが多かった。37歳のとき、ある夜、春琴は何者かに熱湯を顔にかけられ大やけどを負った。春琴の愛を得られなかった弟子の仕業であるといわれた。容姿端麗であった春琴は、自分の無残な顔を佐助に見られたくないと言った。佐助は美しい春琴の顔だちを一生心に刻み、彼女の火傷を負った顔を見まいとして、自分の目を縫い針で刺し、盲目となった。暗黒の中での想像と感触を通して、二人は官能の世界で至高の愛を成就した。佐助は春琴への崇拝的な愛情を抱き続け、春琴が58歳で病に倒れるまで献身的に尽くした。春琴が没したのは明治19年(1886)10月14日、お墓は大阪下寺町の浄土宗の寺にある。

　谷崎潤一郎(1886-1965)は日本橋生まれ、家族小説というべき『細雪(ささめゆき)』(lightly falling snow)3巻、『源氏物語』現代語訳などがある。

昭和（Shōwa 'bright peace', 1926-1989）昭和は歌の黄金時代、歌は心の栄養。上海の花売り娘、蘇州夜曲、リンゴの唄、東京の花売り娘、星の流れに、異国の丘、長崎の鐘、上海帰りのリル、夜来香(イエライシャン)、雪の降る町を、君の名は、東京のバスガール、有楽町で逢いましょう…

食糧難（food shortage, 1946-47年ごろ）日本人のお米の配給は1日1合だった。この法律を厳守して餓死した裁判官がいた。まだ30歳前だった。妻子がいたはずである。私の父は終戦とともに職を失い、両親と、私の妹、弟の一家5人は、食べるのが大変だった。私は当時新制中学1年で、食料の配給は1か月のうち10日分はお米、10日分はグリーンピース、10日分はお砂糖だった。グリーンピースはアメリカではブタの食料だが、過剰生産のため、日本政府が安く買い上げたものだった。これはとてもおいしいご馳走だった。私はお砂糖を吉祥寺のお菓子屋さんに持参して、買ってもらった。当時、小田急線の新原町田駅（いまの町田駅）からバスで15分の木曽(きそ)という村の親戚の家に住んでいた。

　その後、日本人全体の食生活が飛躍的に向上したが、ここ数年に餓死したというニュースが何度かあった。

書斎（study）

Mon petit study（5音節）	わがプチ書斎
where I can read, write and sleep（7）	読み書き寝れる
is three meters square.（5）	4畳半のお城。

1985年以後、筆者のプチ研究室兼寝室。蔵書1700点。

白雪姫 (Little Snow White) グリム童話KHM53

王様とお妃様は、長い間、お子さんに恵まれませんでしたが、やっと待望の赤ちゃんが生まれました。雪のように白く、血のように赤い、黒檀のような黒い髪の、かわいい女の子でしたので、白雪姫と名づけられました。

お気の毒に、お母さんの王妃はまもなく亡くなり、王様は新しい妃を迎えました。この妃は自分よりも美しい女性がこの世にいることに我慢ができません。ふしぎな鏡を持っていて、「鏡さん、鏡さん、この国で一番美しいのはだれ?」と尋ねると、「女王様、あなたがこの国で一番美しい」と答えるので、満足しました。しかし、白雪姫が7歳になると、「白雪姫のほうが千倍も美しい」というではありませんか。これには、とても我慢できません。妃は猟師を呼んで、白雪姫を森に連れて行って、殺しておしまいと命じました。猟師は森に連れて行ったのですが、かわいそうに思って、逃がしてやりました。

白雪姫は七人の小人と森の小屋で暮らしていましたが、魔法の鏡で、白雪姫がまだ生きていることを知りました。お妃は物売りの老女に化けて、何度も殺そうとして、最後に、毒リンゴを与えました。それを食べた白雪姫は、死んでしまいました。しかし狩に来た王子様が彼女を抱き上げると、ノドにつかえていた毒リンゴがポロリとはずれて、白雪姫は生き返ることができました。

白雪姫を亡き者にしようと散々に悪だくみを抱いた王妃は、どうなったでしょう。白雪姫が王子と結婚すると

聞いて、ねたましくて我慢できませんでしたが、結婚式に行ってひと目、見ずにはいられませんでした。会場に着くと、王妃は真っ赤に焼けたダンス靴が用意されていて、それを履かせられて、死ぬまで踊り続けました。

新聞（newspapers）［Chamberlain, B.H.］日本の新聞を最初に作ったのはイギリス人 John Black（横浜在住, Scottish journalist, 1827-1880）で、1872年に開始した『日新真事誌』であった。一度種が播かれるや、新聞界は急速に進歩した。日本帝国には781の新聞・雑誌が発行され、東京だけでも209もある。最重要は『官報』、次に半官半民の『国民』、保守的で外国嫌いの『日本』、進歩的な『読売』と『毎日』、『中外商業新報』は商業新聞、『朝日』『都』『中央』『報知』も大人気。発行部数最大は『よろず重宝』の20万部、『大阪朝日』は15万部。『ジャパン・タイムズ』は全文が英語。内閣が変わると"Gōgwai! Gōgwai!"（"Extra! Extra"）の声が聞こえる。

すずらん（lily of the valley）

　NHK1999年春朝のドラマ「すずらん」は北海道留萌本線恵比島駅を舞台に主人公・萌の生涯を描いている。すずらんのフランス語 le lis dans la vallée「谷間の百合」（バルザック1836）は英語と同じ表現だが、ドイツ語のスズラン Maiglöckchen は「5月の小さな鈴」である。

　萌は1922年11月20日生れ。生後2か月、1923年1月12日、明日萌駅に捨てられていた。アシモイ駅（＝恵比島駅）には、春になると、スズランの花が満開になる。

「駅長様、どうかこの子をよろしくお願いします」というメモを見て、駅長は捨て子をわが娘として育てる決心をした。昨年妻に死なれ、三人の子供がいたのだが、亡くなった妻のかわりのような気がした。萌は姉1人、兄2人の妹として素直(すなお)に育った。19歳になったとき、生みの母を探して上京した。食堂で知り合った鉄道技師と1942年に結婚し、息子が生まれた。戦後、1956年に33年ぶりに萌は母と再会を果たした。二人は一緒に北海道へ帰る旅をしたが、母は故郷の青森で亡くなった。

晩年に思いがけず30億円という遺産を手にしたので、長年の夢だった保育園「すずらん保育園」を建てた。いままでの苦労は、今日の幸福のためにあったのだ。すずらんの花言葉はreturn of happiness（幸福の再来）だ。「小さな駅にも大きなドラマがある。名もなき市井(せい)の人にも語り尽(つ)くせぬ人生がある」(清水有生(しみずゆうき))

2011年現在、舞台の中村旅館と駅長宿舎は残っているが戦前に石炭町として栄え、戦後すずらん弁当で賑わった活気は消えて、今は無人駅になっている。原作：清水有生、主演：橋爪功、橘瑠美、遠野凪子(なぎこ)、倍賞千恵子。

すみれ（Violet）ゲーテ Das Veilchen（1775）.英訳下宮
Ein Veilchen auf der Wiese stand ［×′］［×′］［×′］［×′］
Gebückt in sich und unbekannt. ［弱強四歩格］
すみれが野原に咲いていた。A víolet stood ón the méad
人目につかず、うつむいて。alóne and ínnocént indéed.
［あ、あの羊飼いだわ。彼になら、踏まれて本望だわ］

漱石山房記念館　漱石生誕150年を記念して東京都新宿区早稲田南町7に三階建の記念館が2017年9月24日に開館した。漱石の孫、半藤末利子（昭和史・半藤一利氏の妻）が名誉館長。漱石が食べたというお菓子メレンゲを売っている。綴りはméringuéではなくmeringue［ムラング］で、この単語はポーランド語からきた。

　漱石一家は1907年早稲田南町に転居、土地300坪に七間あり、家賃は月35円であった。漱石山房はこの家にあり、木曜会（1907-1916）には寺田寅彦（p.128）、鈴木三重吉、小宮豊隆、中川芳太郎（p.44）、森田草平、エリセーエフ（p.48）らが参集した。夏目漱石（1867-1916）は東京帝国大学の英文科講師になったが、英文学教授の内定も博士の称号も断り、1907年、朝日新聞から大学教授なみの報酬を約束されて入社した。『吾輩は猫である』は岩波書店の『漱石全集』第1巻にある（538頁、解説・小宮豊隆）。作家スタートは遅く、38歳だった。

即興詩人（The Improvisator）アンデルセンの小説（1835）

　アンデルセンが1833年9月から1834年3月までイタリア旅行の際の見聞を描写したもので、名所旧跡が物語の中に織り込まれ、イタリア案内小説といわれる。

　ローマに育ったアントニオは、イエズス会の神学校に学び、ダンテの神曲を知り、親友ベルナルドを得た。アントニオはオペラ女優アヌンチャータと知り合い、彼女に即興詩を贈った。二人の間に恋が芽生えたが、ベルナルドも彼女に恋していることを知り、二人は決闘した。

ベルナルドを傷つけてしまったアントニオは、ローマからヴェネチアに逃れた。そして即興詩を作っていた。

6年の歳月が過ぎ、アントニオが26歳になったとき、場末の劇場で落ちぶれたアヌンチャータと再会した。二度目に訪ねると、彼女はすでに旅に出たあとだった。遺書に、彼女はこれから死ななければならない、自分が愛していたのはアントニオである、とあった。

空飛ぶトランク（The Flying Trunk）アンデルセン童話

少年の父親は裕福な商人でした。父親が死ぬと、息子は、さんざん遊んで、遺産をすべて使い果たしてしまいました。友人が古ぼけたトランクをくれて「これに荷物を入れなよ」と言いました。これはふしぎなトランクで空を飛ぶことができるのです。入れるものがないので、自分が中に入って鍵をかけると、空に舞い上がり、あっという間にトルコに着いてしまいました。少年はトランクを森の中に隠して、町に出ました。高いところにお城があるので、「あれは何ですか」と尋ねると、「お姫さまが住んでいるのよ。恋愛で不幸になるという予言が出たので、誰も近づけないようになっているの。」

少年は森に引き返し、トランクに乗って、お城の窓から忍び込みました。お姫さまはソファーで寝ていましたが、あまり可愛らしいので、キッスしてしまいました。彼女はおどろいて、誰なのと聞くので、ぼくはトルコの神様で、空を飛んできたんだよ、と自己紹介しました。きみの目は黒い湖のようだ、と言いながら、かわいい赤

ちゃんを運んでくるコウノトリのお話をしました。どれも、面白いお話だったので、お姫さまは、とても喜びました。少年が「結婚してくれる?」と尋ねると、「いいわよ、でも、両親の承諾を得なきゃ。土曜日にお茶に来るから、そのとき面白いお話を聞かせてあげてね。トルコの神様と結婚すると聞いたら、きっと喜ぶわ」の返事。

約束の日、少年は王様夫妻とお城の人たち全員の前でいろいろ面白いお話をしましたので、快諾を得ました。結婚式の前夜、空に花火が打ち上げられ町中が喜びに沸きました。ところが、その花火の一つが森の中のトランクに火がついて、燃えてしまいました。

少年は無事に祖国に帰れたのだろうか。

それから（And Then）夏目漱石の小説（1909）

長井代助は、大学を卒業してから、就職も結婚もせず父や兄から経済的援助を受けながら、気ままに暮らしていた。代助は三千代という女性を恋していたが、友人の平岡から三千代と結婚したいという相談を受けたとき、自分の思いをあきらめて、二人をとりもった。

平岡が妻の三千代と一緒に東京へ戻ってきた。代助と三千代は何度か会ううちに、昔がよみがえった。代助は実家の父や兄から縁談をすすめられていた。

代助は三千代に告白した。そして平岡に三千代を譲ってほしいと頼んだ。平岡は承知したが、父と兄は激昂(げきこう)し代助に勘当を言い渡した。彼は父と兄から経済的援助を打ち切られてしまった。恋を成就することはできたが、

仕事を見つけねばならない。

「三四郎」で成就しなかったが「門」と「それから」で恋がみのる。三部作をなすといわれる。

太陽物語（The Sun）ポール・パッシー（1906）

　私の名は太陽です。私は明るい。私は東に昇ります。そして、私が昇ると、朝です。あなたの窓を、明るい、黄金の目で、のぞきこみます。そして、起きる時間ですよ、とあなたに告げます。そして、私は言います。怠け者よ、起きなさい。あなたをベッドに寝かせておくためにではなく、起こして、労働したり、読書したり、散歩したりするめに、あなたの前で輝いているのです。

　私は大なる旅行者です。全宇宙を旅します。私は決して立ち止まりません。そして決して疲れません。私は頭に冠を持っています。より明るい光線の輪です。そして私の光を送り出します。いたるところに。

　私は木々を照らし、家々を照らし、水を照らします。そして、私が照らすと、すべてが輝かしく美しく見えます。私はあなたに光を、暖かさを与えます。なぜなら、私はすべてのものを暖かくするからです。私は果物を実らせ、穀物を実らせます。もし私が畑や庭を照らさなければ、何も成長しないでしょう。

　Paul Passy（1859-1940）はフランスの音声学者で、『ヨーロッパ主要諸言語の比較音声学』（パリ, 1906）の中で、上記の「太陽物語」をヨーロッパ諸語の音声記号で記している。国際音標文字（IPA, 1930）を考案した。

高瀬舟（Takase Boat）森鷗外の小説（1916）

　高瀬舟は京都の高瀬川を上下する小舟である。徳川時代に京都の罪人が遠島（send away to a distant island）を申し渡されると、高瀬舟に乗せられた。

　護送係は、舟に乗せられた喜助という罪人が嬉しそうなのに気付いて、理由を尋ねた。彼は、苦しいばかりの人生を過ごしてきたが、牢屋に入ってからは、働かなくても食べることができ、その上、遠島を言い渡された者は200文（今の5,000円）を与えられるからだという。

　喜助は弟と二人で生きてきた。去年の秋、弟は病気で働けなくなったので、剃刀で喉を切って自殺を図った。死にきれなかった弟は喉の剃刀を抜いて、楽にしてくれと喜助に頼んだ。喜助が決心して、弟の喉から剃刀を抜いたとき、近所の婆さんが家に入ってきた。

　救う手段のない弟の苦痛を見かねて、死の手伝いをした喜助の行為が罪といえるのか、護送係には分からなかった。寛政（1789-1793）のころの話である。

タヒチ（Tahiti）は南太平洋の楽園と言われ、ソサエティ諸島の一つである。英国の航海王キャプテン・クックは1769年、ここを訪れた時、この島を次のように描いた。ここではパンの実（artocarpus）やほかの果実が自然に木に生える。魚は豊富だ。汝の額に汗して食べよ、という聖書の言葉は彼らには当てはまらないように思われる。イヌの肉は英国のヒツジの肉のように、やわらかく、おいしい。イヌは草を常食としているからだ。

旅の道連れ（The Travelling-Companion）アンデルセン

　ヨハネスはお父さんが一人いるだけでした。病気だったお父さんが、「ヨハネスや、お前はよい子だったね。神様がきっとお守りくださるよ」と言って、目を閉じてしまいました。お葬式のあと、お父さんが残してくれた50リグスダラー（50ドル）を持って、ヨハネスは旅に出ました。ある夜、教会の中で、二人の男がひつぎの中の死体を引きずり出しているではありませんか。「なぜそんなことをするんですか」と尋ねると、「この男は借金を支払わずに死んでしまったのさ。だから痛めつけてやるんだ。」「この50リグスダラーは、ぼくの全財産です。これで許してあげてください」と言いました。

　次の朝、森の中を歩いていると、後ろで呼ぶ声がします。「どこへ行くの？」「広い世界に」とヨハネスは答えました。青年は「ぼくも広い世界に行くんだ。一緒に行こう」と、二人は歩き出しました。この青年は親切でとても物知りでした。山を越えて旅を続けると、大きな町に出ました。ここのお姫さまは、とても美しい方ですが、結婚できるためには、なぞが解けなければなりません。いままで、大勢の王子が試みましたが、みな命を落としていました。ヨハネスが求婚したいと言うと、青年は、いろいろと助けてくれました。そして三つとも、なぞを解くことができて、結婚することができました。

　青年がお別れに来た。きみが全財産を払って、ぼくをお墓の中で眠らせてくれたのだよ、と言って姿を消した。

太郎と花子（Taro and Hanako）ことわざの比較

太郎はまるまる太った元気な男の子に育ちますように、花子は花のようにかわいい娘に育ちますように、という両親の願いがこめられて名づけられた。そして太郎は、自分にふさわしい少女にめぐりあうのだ。

太郎は似合いの花子にであう。英語Every Jack must have his Jill. ジャックはみな自分のジルを見つける。ドイツ語Jeder Hans findet seine Grete. [イェーダー・ハンス・フィンデット・ザイネ・グレーテ] ハンスはみな自分のグレーテを見つける。フランス語Chacun finit par trouver chaussure à son pied. [シャカン・フィニ・パール・トルーヴェ・ショシュール・ア・ソン・ピェ] だれでも最後に自分に合った履物を見つける。ロシア語Vsjákij Vánja najdët svojú Natášu. [フシャーキィ・ヴァーニャ・ナイジョート・スヴァユー・ナターシュー] ワーニャ（イワン）はみな自分のナターシャを見つける。

1994年、津田塾大学の言語学概論でことわざを論じたとき、英文科3年生の森永紀子さんが次のような答案を

寄せてくれた。「人は大都会の中で①、幸福とガラス②を繰り返しながら、最後に自分に合った履物を見つける」

知恵の鍵（The Key of Wisdom）エルサルバドル民話

　知恵の鍵は生まれたときにさずかる魔法の小さな金の鍵です。この鍵は持ち主しか使えません。毎日磨いて大事にしなければなりません。なくしたら大変です。

　中央アメリカの小さな国に一人の王子がいました。川のそばを馬で通ると、美しい娘が水浴びをしています。脱いだ衣服のそばに知恵の鍵がピカピカ光っています。王子はそれをこっそりお城に持ち帰りました。水から上がったパキータは、というのが娘の名なのですが、さあたいへん、いくら探しても大事な鍵が見つかりません。家に帰って両親に話すと、父は名付け親のところに行ってごらん、と言いました。名付け親は、困ったねえ、王様に相談してごらん、と言いました。

　お城へ急いで行く途中、王子に出会いました。王子がどうかしたの、とたずねると、大事な鍵をなくしてしまったのです、と彼女は答えました。「きみの鍵は、ぼくがもっている。ぼくと結婚してくれたら返してあげるよ。」そこで彼女は結婚を承諾しました。

　［パキータ Paquita は Francisca の愛称；El Salvador はスペイン語で 'the Savior'「救世主」の意味］

チェンバレン Basil Hall Chamberlain（1850-1935）は『日本事物誌』を書いた英国人で、東京帝国大学で博言学および日本語学の講師であった（1886-1890）。『日本

近世文語文典』『日本口語文典』、外国人のための日本小百科事典『日本事物誌』Things Japanese（1905）がある。社会階級、宗教、種族、新聞、日本式英語、日本のヨーロッパ化、礼儀の項目を見よ。君が代の英訳もある。

　A thousand years of happy life be thine!
　Live on, Our lord, till what are pebbles now,
　By age united, to great rocks shall grow,
　Whose venerable sides the moss doth line.

乳房を知らぬ娘（The girl who does not know mother's breast, 1937）吉屋信子（1896-1973）作。

　横山ちえ子は北海道の牧場に、祖母と叔父に育てられた。ちえ子は母親の乳房を知らなかった。両親は札幌で働いていたからだ。ある日、牝牛の乳房を口にあてがって飲んでいた。とても暖かかった。だが、叔父さんに見つかって怒られた。これはね、殺菌していないから、だめなんだよ、と。13歳になって、札幌の高等女学校に通うことになって、ちえ子は札幌の両親と一緒に暮らせるようになったが、ちっとも嬉しくなかった。父は祖母が私のために送ったお金を横取りして、事業につぎ込んでいたのだが、結局、失敗して、樺太に渡ってしまった。女学校の寄宿舎に入ることができてからは、楽しい学生生活を送ることができた。若い寮母は、お姉さんでもあり、お母さんのようでもあった。私が風邪で入院しているときに、東京から叔母さんが見舞いに来てくれて、この人が、私の本当の母であることを知った。小さいとき

に、私を抱きしめて泣いていた人だった。樺太に去った人が父だったのだが、母は離婚せねばならなかった。

月から地球へ（From Moon to Earth）ミュンヒハウゼンセイロン（p.30）、ロシア（p.194）への旅のあと、ぼくはトルコにやって来た。ぼくは、なぜか、つかまえられた。そして奴隷になって、王様（スルタン）に売りとばされてしまった。ぼくはミツバチ（bee）の飼育を命じられ、毎朝、巣箱を山の上に運び、夕方に御殿に降ろす仕事をしていた。ある日ミツバチの一匹が逃げた。二匹のクマが追いかけたので、銀の斧を投げた。ミツバチは命が助かったが、ぼくは銀の斧をあまり高く振り上げたので、月まで飛んでいってしまった。

どうやって取り戻したらよいか。

トルコのエンドウマメは高く生育して月まで届くと聞いていたので、ぼくは一粒まいた。すると、どんどんのびて月に達してしまった。ぼくはさっそくよじ登った。月の世界では、すべてが銀でできていた。銀の斧を取り戻して、地球に帰ろうと思ったのだが、日が照って、エンドウマメが枯れてしまった。さいわいヒモを持っていたので、これを月にゆわえて、降り始めた。ところが、ヒモが足りなくて、雲の中でとまってしまった。そのとき、突然、ヒモがプッツリ切れて、ぼくは地球に激突し、地下90メートル下に埋まってしまった。指で階段を作り、ようやく地面に這い上がることができた。

いままでぼくはトルコにとらわれの身になっていたのだ

が、この冒険をトルコの王様（スルタン）に話すと、ゲラゲラ笑って、ぼくを解放してくれた。

［ぼくはヒモをつたわって地球に戻ろうとしたが、ちょっと足りなくて、雲のなかでとまってしまった。die Wolke ディ・ヴォルケ 'the cloud' はドイツ語で「雲」］

徒然草(scripta in otio)吉田兼好(c.1283-1352以後)の随筆。「つれづれなるままに…」で始まり、「何ごとも古き世のみぞ慕わしき」(One yearns after the old days in everything)と、自然や人生についての感想や思索を歌っている。scripta in otioはラテン語で「ひまなときに書かれたもの」written in leasureの意。

手をなくした少女(The Handless Maiden)

　父親がうっかり悪魔に約束してしまったので、娘は両手を失ってしまいました。しかし、彼女は美しい敬虔な娘でしたので、王様に気に入られて、結婚しました。

　王様が戦争に出かけている間に、またもや悪魔の策略で、生れたばかりの息子と一緒に、お城を追い出されました。戦争から7年ぶりに帰った王様は、愛する妻子を探し求めて、さらに7年間放浪し、ついにめぐり会うことができました。敬虔さのゆえに、神様は彼女に、もとの両手を返してあげました。(グリム童話KHM31)

鉄のストーブ(The Iron Stove)　グリム童話KHM127

　王子が魔女に呪われて、森の中の鉄のストーブの中に閉じ込められました。ある日、道に迷った王女が、通りかかると、中から声が聞こえます。「どうか助けてください。森から出られる道を教えてあげますから」と。

　王女がどうすればいいのですか、と尋ねると、「小刀を持ってきてこの鉄を削って、穴をあけるのです」と王子が中から答えました。王女は一刻も早くお城へ帰りたかったので、その約束をしました。いやいや戻って来て

穴をあけると、中には美しい王子様がいるではありませんか。見つめあった二人は喜んで結婚しました。

トロッコ（The Truck）芥川龍之介作

　小田原と熱海の間に鉄道が敷設されるとき、土工(どこう)たちがトロッコで土や枕木を運んでいた。良平は8歳だった。上り坂にトロッコを押すのを手伝うと、下り坂でトロッコに乗ることができた。ある日、二人の土工と一緒に、いままでにないほど、遠くまで来てしまった。「坊や、もう帰りな。ぼくたちは今晩、ここに泊まるんだ」と言って、茶屋の駄菓子を新聞紙にくるんでくれた。エッ、ぼくはビックリした。なんでもっと早く言ってくれなかったの。もう暗くなりかかっている。ぼくはトロッコの線づたいに、一生懸命に走った。町に着いたときには、もう明かりがついていた。やっとわが家にたどりついたときに、ぼくは安堵のために、ワッと泣きだしてしまった。ぼくが26歳になって、東京で校正の仕事をしながら、あのころをよく、思い出した。

ドングリ（Acorns）寺田寅彦の随筆。

　私は学生結婚し、妻はお産を控えていた。小春日和に妻は気分がよかったので、私と一緒に植物園に行った。妻はドングリを拾って楽しんでいた。ハンカチを出してドングリを入れた。もう入らないわ。あなたのハンカチも貸してくださらない？

　やがて妻は女の子を生んだが、まもなく亡くなった。

　娘が6歳になったとき、妻と一緒に行った植物園を訪

れた。娘はドングリを拾って、楽しんでいた。「大きいドングリちゃん、ちいちゃいドングリちゃん、みんなおりこうさん」と歌いながら、私の帽子の中に一杯に入れた。鶴を折るのもじょうずだし、DNAは母親と同じなんだな。でも早死のDNAはいやだよ。

寺田寅彦（1878-1935）物理学者、随筆家。1896年、熊本の第五高等学校で夏目漱石に英語を学んだ。漱石の影響で俳句を作り、漱石の推薦でホトトギスに掲載された。1908年『尺八の音響学的研究』で理学博士号を得て東大教授になった。「天災は忘れたころにやってくる」の名言がある。漱石山房木曜会のメンバー（p.115）の中で寺田だけは別格で、いつでも尋ねることができた。

中原淳一（1913-1983）少女の友『それいゆ』1946,『ひまわり』1947を創刊。1951パリ留学。『ジュニアそれいゆ』1954創刊。名作を平易なことばで紹介し、挿絵を描いた。すべて一人で企画・編集・校正し、マルチクリエーターであった。『中原淳一のひまわり』別冊太陽, 2017

なきわらい（NAKIWARAI, 土岐善麿, 1910）
「明治40年このかた3年あまりの中から選んで、その出来た順に並べたのがこの1冊である」と冒頭にローマ字で記され、本文も、すべてイタリック体になっている。223首のうち一つを記す。英独仏は下宮の試訳（5-7-5）。

Kimi omou kokoro ni niru ka, －きみ思う心に似るか
　Haru no hi no　　　　　　　春の日の黄昏方の
Tasogaregata no honokeki akarusa!　ほのけき明るさ

英I'm thinking of you, 　　　　　　　(5音節)
　　Like spring twilight, my mind is　(7)
　　still a little light.　　　　　　(5)
ド Ich denke an dich,　　　　　　　　(5)
　　mein Herz, wie Frühlingsdämm'rung,　(7)
　　ist ein wenig hell.　　　　　　　(5)
フ Moi, je pense à toi,　　　　　　　(5)
　　Mon cœur, il est un petit clair,　(7)
　　comme l'aube du printemps.　　　(5)

〔黄昏はcrépuscule(クレピュスキュール)であるが、3音節もあるため、aube(オーブ)「暁(あかつき)」を用いた。原文に忠実ではないが希望がもてる〕

夏目漱石（1867-1916）は「文士の生活」（1914大阪朝日新聞）の中で次のように述べている。「私が巨萬の富を蓄へたとか、立派な家を建てたとか、土地家屋を賣買して金を儲けて居るとか、種々の噂があるやうだが、皆嘘だ。巨萬の富を蓄へたなら、第一こんな穢(きたな)い家に入って居はしない…此家だって自分の家では無い。借家である。月月家賃を拂って居るのである。…ではあなたの収入は？　と訊かれるかも知れぬが、定収入といつては朝日新聞から貰つている月給である。月給がいくらか、それは私から云つて良いものやら悪いものやら、私にはわからぬ。聞きたければ社の方で聞いて貰ひたい。それからあとの収入は著書だ。著書は十五六種あるが、皆印税になつて居る。すると又印税は何割だと云ふだらうが、私のは外(ほか)の人のよりは少しは高いのださうだ。これを云

つて了つては本屋が困るかも知れぬ…。一體書物を書いて賣るといふ事は、私は出来るならしたくないと思ふ。賣るとなると、多少慾が出て来て、評判を良くしたいとか、人気を取りたいとか云ふ考へが知らず知らずに出て来る。品性が、それから書物の品位が、幾らか卑しくなり勝ちである。理想的に云へば、自費で出版して、同好者に只で頒つと一番良いのだが、私は貧乏だからそれが出来ぬ…」「借家は7間あり、このうち2間を私が使っている。子供が6人もあるから狭い。家賃は35円である。植木はみな自分で入れた。植木屋は、ときどき若い者を連れて手入れに来る。これもなかなか金がかかる」

「ケーベル先生」(1911)の中で漱石は「文科大学で一番人格の高い教授は誰かと聞いたら100人の学生のうち90人まではフォン・ケーベルと答えるだろう」。

ナマコのごとき (like a sea cucumber) 漱石が『草枕』の舞台になった熊本にいたころ、長女が生まれたときに詠んだ歌。「やすやすとナマコのごとき子を産めり」。2017年10月24日ラジオ深夜便。試訳 My wife gave birth to a baby, easily, like a sea cucumber. 無理に5・7・5を作ると、She bore a baby, (5 syllables) / as if a sea cucumber, (7) / very easily. (5) とできようが、このboreは古語だから漱石は好まぬだろうと思われる。

ド Meine Frau hat ein Kind geboren, leicht wie eine Seegurke. フ Ma femme a enfanté un bébé facilement comme un trépang. [trépangはマライ語より]

二十四の瞳（Twenty-Four Eyes, 1952）壺井 栄 作。

　瀬戸内海の島の小学校に新しい先生が赴任してきた。師範学校を卒業したばかりの若い女の先生で、大石久子という名だった。先生は、この地方ではまだめずらしい洋服を着て、自転車で通勤していた。生徒たちは「大石、小石」といってはやしたてた。お母さんたちはモダーンな姿に反感を抱いた。1年生の12人全員が大石先生が大好きだった。先生は生徒たちと海岸で童謡を歌った。

　先生はやがて、本校へ転勤になった。そして、船員をしている青年と結婚した。それから四年後、5年生になった12人の分校の子供たちは本校に通うようになって、また昔の大石先生に習うようになった。満州事変のころで、世の中は不景気だった。昔の12人の生徒たちの卒業とともに先生も学校をやめた。成長した男の子たちは兵隊にとられて行く。先生は耳もとに「名誉の戦死などといわずに、生きて帰ってくるのよ」とささやいた。

　しかし、5人の男の子のうち生きて帰ってきたのは2人だけだった。しかも、一人は失明していた。先生の夫も戦死した。戦後、ふたたび、先生は分教場で教えることになり、先生の歓迎会が開かれた。失明した男の子は、むかし先生と一緒にとったクラスの写真は、はっきり見えるよ、脳裏に焼きついているから、と言った。先生は教え子たちを戦争や不合理な社会から守ろうとした。

　1954年松竹映画、木下恵介監督、高峰秀子主演、1964年テレビ、香川京子主演。壺井栄（1899-1967）

日本（Japan）『世界がみえる地図の絵本』ブライアン・デルフ Children's Illustrated Reference Atlas. 吉田秀樹編訳、あすなろ書房（新宿，2003）は多色刷りの楽しい地図なので、そこに描かれている日本を紹介する。

　アジアの東の海上にある島国の日本は、北海道、本州、四国、九州という4つの大きな島と多数の小さな島から成っている。この地域はユーラシア大陸のプレート（厚さ100キロほどの岩石層）に、太平洋プレート、フィリピン海プレート、北米プレートがぶつかるところにあたり、地震や火山が非常に多い。日本の約4分の3は森林におおわれた山地である。農業の主要な作物はイネである。日本人は魚を非常に多く食べる。1億3000万の国民のほとんどは海沿いの平地や盆地に住む。

　19世紀の中ごろまで日本は島国として独自の文化を作ってきた。その後、明治維新（1868）によって国際化と近代化を進めたが、第二次世界大戦で敗北し、大きな打撃を受けた。しかし最近の40年ほどで、世界で最も工業化の進んだ国の一つになった。必要な石油や原材料にとぼしく、ほとんど輸入しなければならない。日本で製造される車、電気製品、船舶、カメラなどが世界中に輸出されている。食料自給率は40％で、先進国の中では最低である。食料の60％を輸入に頼っている。日本の漁獲量は全世界の5.3パーセントで、毎年1人70キロの魚介類を食べる。北海道と本州を結ぶ青函トンネル53.85キロメートルは世界最長のトンネルである。

日本アルプス登頂記（ウォルター・ウェストン著）

Walter Weston: Mountaineering and exploration in the Japanese Alps. London, John Murray, 1896. xvi, 346pp. 日本山岳会創立70周年記念出版。復刻　日本の山岳名著。日本山学会制作・発行：大修館書店　1975.

著者（1861-1940）はアルパインクラブ会員、日本アジア協会会員、東京地理学会会員、もと在神戸英国牧師（chaplain）。イギリスの登山家で、1888年宣教師として来日、日本アルプスを踏破した、と広辞苑にある。

本書は『日本アルプスの登山と探検』と題し、1年半にわたる日本中部の山岳地帯を散策した記録である。

私の旅行仲間に本書を捧げる、として、次のギリシア語を添えている。hótan túkhēi tis eunooûntos oikétou, ouk éstin oudèn ktêma kállion biôi.（もし、忠実な召使いにめぐりあえたならば、人生においてこれ以上のすばらしい財産はない）。このギリシア語は岩波のギリシア・ラテン引用語辞典にもなく、著者Westonの古典の素養が偲ばれる。

明日は長い旅が待ちかまえているので、今夜は十分に睡眠をとらねば、と思っていたやさきに、隣室で宴会が始まった。しかも日本の宿屋は薄いふすまで区切られているだけだ。プライバシーなんかありゃしない。

ロンドンに帰ると、よく尋ねられるんだよ。「日本には鉄道があるのかい」ってね。そのつどぼくは答えている。「日本の鉄道は1873年に始まった。1895年末現在、

3,600キロも走っていて、29の会社が経営している」とね。日本で登山するとき、茶屋（tea-house）で一服すると、快適だよ。槍ヶ岳（Spear Peak）とは、うまい命名じゃないか。日本のマッターホルンだ。

　Schizocodon soldanelloides（the Alpine bell, イワカガミ）、Soldanella alpina（アルプスのサクラソウ）など、登山家は植物にくわしい。前者は-oidesとあるからギリシア語であることは分かるが。soldanella（サクラソウ）は葉がsoldo（貨幣）に似ているためである。

　イギリス人には考えられないことだが、日本人のオフロの入り方はこうだ。お客たちが木製の湯船（wooden bath-tub）に入ったあと、水を替えずに、家族の男性たちが入る（place aux messieurs, not aux dames, とフランス語を、当たり前のように使っている）、家族の女性たちがこれに続き、最後に下男、下女で終わる。

　A railway journey of five-and-twenty miles on the Naoetsu line（p.13, 直江津線の25マイルの旅）の25の数字がtwenty-fiveでなくてfive-and-twentyになっている。この順序は、興味深い。ドイツ語・オランダ語・デンマーク語は、いまでもfive-and-twenty式なのだ。富士登山が禁じられている春に、25年ほど前の話だが（some five-and-twenty years ago）とある。その後1891年10月28日、大地震が起こり東斜面に、広大な割れ目（chasm）が生じた。外国人登山家の間で大騒ぎになったが、parturiunt montes, nascitur ridiculus mus（大山

鳴動鼠一匹）と、またラテン語が出た。

　中仙道から落合まで80キロにわたる木曽地方（Kiso）はfive trees of Kisoと呼ばれるヒノキ、ブナ、栃の木、カエデ、クルミの良質の材木を産出する。御嶽（Ontake）は日本のデルポイ（Delphoiはアポロの神殿）とある。

　land（着地する）は飛行機の場合に使うのかと思っていたら、汽車が駅に到着する場合にも使うようで、p.59にA train journey of 12 hours landed us at Kobe.（汽車で12時間の旅ののち、われわれは神戸に着いた）とある。landは名詞と動詞があるが、seaにはそれがない。

　松本は人口2万の都市で、ここで私たちは、やっとパン屋（baker）を見つけて、パンにありつくことができた。ビーフ、ビール、ミルク、氷も買うことができた。

　出しの沢小屋（奥穂高岳）では8人がゴロ寝した。管理人は私と私の友人のために布団を1枚用意してくれたが、ノミの大群に襲われてしまった。ひどかった。

　穂高岳（3,090メートル）は日本最高の花崗岩山だ。雪を頂いた峰の上に立つ山は「穂の立つ山」という絵のような形容詞を得ている。北方に大きな尾根（arête）で槍ヶ岳が続き、少し下ると常念岳のピラミッドが私たちを迎えてくれる。雪の斜面を降りると五葉松（five-needle-pine）の森を通り抜け、岩の荒れ地に出た。

　笠ヶ岳（岐阜県高山市）と蒲田川（岐阜県の渓流）の西方に、はるか、かなたに日本海が「海波の無数の笑み」（pontîon te kumátôn anêrithmon gélasma, Aeschylus）

をうかべている、など、ギリシア語やラテン語が続出して、著者は古典の素養が深いことに感動させられる。

外人と見ると、代金を何倍も多く要求する。私は神戸で洗濯代を通常の7倍も吹っかけられたことがある。旅籠(はたご)(夕食、布団、朝食)で同行の日本人の4倍も請求された。「なぜ？」と尋ねると、「それが習慣ですから。」外国人は金持ちだし、日本の習慣に慣れていないからということらしい。チェンバレンがThings Japanese（日本事物誌1905）で言っているように、私はJapped（日本流にやられた）のだ。

富士山は日本人ばかりでなく、外国人にとっても、あこがれの霊地である。1893年5月のこと、東海道線の岐阜で下車して、人力車で太田まで行き、そこで宿泊する予定だった。駅を降りるとパスポートの提示を求められた。「このパスポートでは富士見13州しか旅行できませんよ。美濃は入っていませんよ。」だが、ここで引き下がるわけにはゆかない。私はがんばって、許された。

ウェストンの功績をたたえて、1963年、新潟県糸魚川市に全身像が、1965年、長野県飯田市の天竜峡に記念碑が設置された。エミリー夫人を戸隠山（長野市）と高妻山に初めて登頂した外国人女性として偲ぶため、毎年8月第一土曜日にミセス・ウェストン祭典が開催される。

日本のヨーロッパ化（Europeanisation）は明治維新(1868)に始まったと考えられているが、チェンバレン（B.H.Chamberlain）によると、欧化は三幕のドラマで演

じられた。第一幕は1543年のスペイン・ポルトガルの開幕に始まり宗教弾圧で終わる。第二幕は長崎の出島に始まる。役者はオランダ人である。第三幕は1853年Perry提督が開港を迫ったことから始まる。しかしロシアと英国の準備段階あり。

日本流英語（English as she is Japped）

［Chamberlain, B.H.］English "as she is spoke and wrote" in Japan. とある。英語をsheで受けているのが面白い。spokeとwroteが過去分詞になっている。Japの動詞の用法はOEDにも出ていないが、Japanize（日本ふうにやる）の意味だと思われる。店の看板や広告にミスプリントや間違った語法が随所に見られるとあり、その中から二つほど例を掲げる。（　）内が正しい。

1. HEAD CUTTER「断頭人」（Hair cutter「理髪店」）
2. FUJI BEER　The flovour is so sweet and simple that not injure for much drink.「味は甘くて素朴なので、たくさん飲んでも害になりません」（The flavour is so sweet and simple that drinking much is not injurious.）

認知症（dementia）日本に300万人。英語のde-mentiaは心（ment-, cf.mental）がそとへ（de-, cf.depart出発する）去ることだが、日本語の「認知症」という言い方には認知力が弱いという否定的な意味がない。薬の副作用というが、悪作用といったほうがよい。英語のbad effects（わるい効果）のほうが正直な表現だ。

野のユリと空飛ぶ鳥 （キルケゴール）

デンマークの哲学者セーレン・キルケゴール（Søren Kierkegaard, 1813-1855）の教養的講話（1843-44）より。野に咲くユリと空飛ぶ鳥は、どちらが幸福か、という問題を論じている。

むかし、人里離れたところに、小川のほとりに、一輪のユリの花が咲いていた。ユリは近くのイラクサや、ほかの二三の小さな花によく知られていた。ユリは福音書の記述によると、栄華をきわめたソロモンよりも美しい装いをしていて、一日中、悩みもなく、しあわせに暮らしていた。時は、さらさらと流れては消えて行く小川のように、気づかぬうちに、幸福のうちに過ぎて行った。

ある日、次のことが起こった。一羽の小鳥がやって来てユリを訪れた。小鳥は翌日も来た。すると、今度は、何日も来なかった。が、またやって来た。このことは、ユリには不思議に思われた。鳥が、小さな花のように、同じ場所に留まっていないことは不可解だった。鳥がそんなに気まぐれであることは不思議だった。しかし、よくあるように、ユリにも同じことが起こった。鳥が、まさに、気まぐれであるという理由から、ユリは鳥をますます恋しく思うようになったのだ。［注：ユリのデンマーク語liljeリリエは、女性名詞、鳥fuglフールは、古くは男性名詞、ドイツ語はいまでも男性名詞］

さて、この鳥はわるい鳥だった。ユリの美しさをほめるどころか、あなたはいつも同じ場所にしばられていて気の毒ですね、それにひきかえ、私は行きたいところへ自由に飛

んで行くことができます、とユリに自慢した。鳥は、来るたびに、ユリのみじめさと、自分の優越を語った。すると、小川のせせらぎは、ユリにとってはもはや音楽には聞こえず、たいくつに思えた。ユリは自分の悩みを鳥に打ち明けた。鳥は、もっと美しい花がたくさん咲いている花園へ連れて行ってあげる、と約束した。翌朝、鳥はユリの根を掘り、ユリを鳥の翼に載せた。ユリは、生れて初めて大地を離れた。だが、ユリは運ばれる途中で、かわいそうに、枯れてしまった。植物は大地なしには、生きて行けない。ユリは、なにも、不合理なことを望んだわけではない。鳥になることを望んだわけではない。ただ、鳥のいうように、もっと美しい花と友達になりたかった、できれば皇帝の冠に載せられるような美しい花になりたいと望んだだけなのである。

　華麗なユリに、できれば皇帝の冠になりたいと思い悩んだユリは、このような運命になった。

　このユリは人間である。小鳥は詩人であり、誘惑者である。あるいは、人間の中にある詩人的な要素と誘惑者的な要素である。それでは、悩める者はユリから何を学ぶか。悩める人は学ぶ。人間であることに満足せよ。人間と人間の間の相違に思いわずらうな。貧富の差、才能の有無に思いわずらうな。

［注］ホラティウスの「黄金の中庸」aurea mediocritas つまり、才能も、富も、仕事も、中ぐらいが一番よい。

伸び支度（preparation for a daughter）島崎藤村作。

　私はお人形遊びが好きだった。女の子だから不思議ではない。お父さんが丸善で買ってくれたドイツのお人形は、起こすと目がパッチリ開いて、寝せると目が閉じる、とてもかわいらしいものだった。その後、近所のミツコさんが遊びにくるようになった。ミツコさんとドイツのお人形と私と三人でおままごとをした。しばらくすると別の赤ちゃん、金之助さんが遊びに来るようになった。まだ数え年で2歳にならない赤ちゃんは、私のことをちゃーちゃんと呼んだ。母は私を生むと、間もなく亡くなってしまったので、お手伝いのお初が、母がわりをしていた。このお初のことも、ちゃーちゃんと呼んでいた。金之助さんは、親しい人は、みなちゃーちゃんだ。私には兄が二人いるが彼らをちゃーちゃんとは呼ばない。

　そんな私も高等小学校に進学する年齢になって、お人形遊びも近所の赤ちゃん遊びも卒業してしまった。ある日、布団のシーツを汚してしまった。私は驚いて、お手伝いのお初を呼んだ。ごめんなさいね、袖子（そでこ）さん、というのが私の名前なのだが、もっと早くお話しすればよかったのに。今日は学校に行かないで、ゆっくり休んでいらっしゃい、これは病気ではないのよ、だれにもあることなのよ、と言った。そして、父に早速、報告した。昼に帰宅した兄たちは、頭が痛いぐらいで学校を休むなんてずるいぞ、と言った。一週間もすると、私は元気になった。

ハイアワサの歌 (The Song of Hiawatha)

　ロングフェローの『ハイアワサの歌』(1855) はアメリカインディアンのオジブワ族 (Ojibwa, Ojibway) の英雄ハイアワサの生涯を歌った22章 (cantos), 5331行からなり、強弱4歩格 (trochaic tetrameter) で書かれている。

　Swift of/ fóot was/ Hía/wátha;　強弱/強弱/強弱/強弱
　Hé could/ shóot an/ árrow/ fróm him,　　以下同じ
　Ánd run/ fórward/ with such/ fléetness,
　Thát the/ árrow/ féll be/hínd him.
　ハイアワサは足が速かった。
　矢を射て
　敏速に走り、
　矢が背後に落ちるほどだった。(第4章)

　オジブワ族は北米スペリオル湖畔に住む2万人弱の先住民で、totem (崇拝動物) の語はここからきている。

　月の娘ノコミス (Nokomis) は娘ウェノナ (Wenonah) を生んだ。ウェノナは成長して西風ムジェキーウィスとの間に英雄ハイアワサを生んだが、夫に捨てられ、死んだ。祖母ノコミスは孫のハイアワサを揺りかごから育てた。ハイアワサが成長して、ダコタの弓作りの娘ミンネハハと結婚したいと言った。祖母ノコミスは反対した。

　Wéd a máiden óf your péople,　ここの乙女を選べ。
　Wárning sáid the óld Nokómis.　祖母は警告した。
　Gó not éastward, gó not wéstward,　東や西に行くな。

Fór a stránger, whóm we knów not!　よそ者を求めるな。

ハイアワサは答えた。「火の明かりは楽しい。だが、ぼくは星明かりが好きだ。月の明かりが好きだ。ミンネハハMinnehaha（笑う水laughing waterの意味）は、ダコタの国で一番美しい女だ」

こうしてオジブワ族とダコタ族は親族関係になった。

畑はトウモロコシを与え、山々の動物は肉を与え、川や湖は魚を与えた。ハイアワサはカヌーを作り、絵文字（picture-writing）を発明し、生活の知恵を後世に伝えた。最後の第22章「ハイアワサの出発」はキリスト教の伝来とともに、ハイアワサが祝福の国エリセウムに去って行く様子を描いている。

「ノコミスよ、みなさん、さようなら、ぼくは遠い旅に出ます。いつの日か、また、お会いしましょう。」

ロングフェロー（Henry Wadsworth Longfellow, 1807-1882）はハーバード大学のフランス語とイタリア語の教授であった。ダンテの『神曲』の英訳もある。

ハイジ（Heidi, the Alps girl）

スイスの作家ヨハンナ・スピーリ著（1881）。

ハイジは5歳の女の子。住んでいるところはスイスの小さな村マイエンフェルト。ハイジが1歳のとき、お父さんもお母さんも亡くなった。お父さんは大工だったが山へ木を切りに行って、大きな木が倒れてきて、その下敷きになってしまったのだ。お母さんは悲しみのあまりその後まもなく亡くなった。お母さんの妹のデーテDeteが働きながら、いままでハイジを育ててくれた。だが、今度、ドイツで、もっとよい仕事を見つけたので、フランクフルトで働くことになった。そこで、ハイジを山の上に一人で住んでいるおじいさんにあずかってもらうことにした。

「おじいさん、私はもう4年もこの子の面倒を見てきたのよ。こんどは、おじいさんの番よ。あなたは亡くなった息子さんの父親なんでしょ。お願いするわよ。」

普通なら、孫が来てくれたのだから、大いに喜ぶはずだが、このおじいさんは、長い間、村人との交際をいっさい断ち切って、山の上でチーズを作りながら暮らしてきた、偏屈な人物である。若いときにイタリアに渡り、軍隊生活をしていた。戦争が終わったので、故郷のマイエンフェルトに帰ってきたのだ。スイスは貧しかったので、百姓になるか兵隊に行くしか、食べてゆけなかったからだ。おじいさんは、4年ぶりに見る孫のハイジに向かって言った。

「お前はこれからどうするつもりだ？」(原文は、文法的ではないがWas willst jetzt tut? p.20)
「どうする」って、それはおじいさんが考えることでしょ。で、ハイジは拍子抜けして、「おじいさんが家の中に持っているものを見せてよ」と言った。「うん、よかろう。」

　小屋の中に入ると、おいしそうなチーズのにおいがプーンとしてきた。「これ、おじいさんがみんな作ったの？」「そうだよ。」「あたし、どこで寝るの？」「どこでもいい」とおじいさんが言うので、二階に上ってゆくと、まるい窓があった。窓の英語windowの語源はwind-eye「風の目」である。風が入る穴であるが、同時に、明かりも入ってくる。「あたし、ここで寝るわ。」「よし、よし、それでは、わらを積み重ねてその上にシーツを敷くことにしよう。」「さあベッドが出来上がった。これは、ふかふかで、王様のようなベッドだ」とおじいさん。「さあ、疲れただろう。下で食事にしよう」二人は焼きたてのチーズとパンとヤギのミルクで食事をした。翌日は、ペーター（ヤギ飼いペーター）と一緒にヤギを放牧のために、山に登って行った。山の生活は、毎日が新しく、ハイジは、とても楽しかった。

　初めのうちは「面倒をしょい込んだ」と思っていたおじいさんも、孫との共同生活に、だんだんと人間性をとりもどしてきて、新しい生活を楽しむようになった。ヤギの放牧の季節が過ぎて、秋と、寒い冬がやってきた。

ペーターは山の中腹（標高811メートル）にお母さんと目のみえないおばあさんと三人で暮らしている。冬にはペーターが山小屋に来たり、ハイジがそりで山を下ってペーターやそのお母さん、おばあさんの住む小屋に遊びに行った。ペーターたちの住んでいる小屋は、風が吹くと、ガタピシする、ひどい小屋である。

　3年たったとき、ひさしぶりに、デーテおばさんが山を登って、やって来た。「私が働いているフランクフルトのお金持ちの家で、車椅子のお嬢さんが、お友だちを探しているの。ハイジのことを話したら、ぜひ、連れて来てっていうのよ。ここにいたんでは、ハイジは学校へも行かせていないんでしょ。もう8歳になるのよ。」

　おじいさんは、いまさら、ハイジを手放すことはできない。「連れて行けるものなら、連れて行ってみろ。ハイジは絶対に行かんぞ。」デーテおばさんは、いろいろと甘いことばで、なんとかしてハイジを連れ出そうとする。「フ、フ、フランクフルトって、今日中に帰ってこれるの？」「うん、帰りたいときは、いつでも帰ってくればいいのよ。」今日中に帰れるはずなんてないよ。汽車でチューリッヒまで行き、そこで1泊せねばならない。そして次の日にフランクフルトに着く。今ならマイエンフェルト・フランクフルト間は、チューリッヒ乗り換えて、6時間で行けるが。この作品の書かれた1880年は、まだ連絡が不便で、チューリッヒで1泊せねばならなかった。なんとか、ハイジをマイエンフェルトの駅まで

連れてきたが、汽車に乗るとわかって、ハイジは泣いて、行くのをいやがったが、汽車は発車してしまった。

　こうして、ハイジはフランクフルトの銀行家の家に住んで、クララという一人娘の遊び相手になり、まったく新しい都会生活が始まった。クララは車椅子のため、学校へ行けないので、家庭教師が毎日やってくる。ハイジも一緒にアーベーツェー（ABC）から始めて、めんどうなドイツ語の文法を学ばねばならない。

　白いパンも、おいしいご馳走もある。クララは親切だ。けれども、ハイジは都会の息苦しい生活よりも、アルムの山をヤギたちと一緒に駆けまわりたいのだ。クララの父のゼーゼマンさんは、心配して、ドイツの北のホルシュタインに住む、おばあさんを呼んでくれた。このおばあさんはゼーゼマンさんの母親である。おばあさんは、ていねいにABCの読み方を教えてくれたので、ハイジは絵本が、すらすら読めるようになった。でもおばあさんが帰ってしまうと、ハイジは夢遊病になってしまった。

　ゼーゼマンさんは、フランクフルトのお医者さんと相談して、ハイジをマイエンフェルトに帰らせることにした。ハイジに事情を書いた手紙を渡して、おじいさまに渡してくださいと言った。来年夏、私とおばあさんとクララと三人で、かならずマイエンフェルトに行きますよ。

　そして、それは実現した。山の上で食べる食事はクララを健康にした。チーズは1枚しか食べられなかったのに、2枚も食べられる。「さあ食べて、食べて！　山の風

がおいしくしてくれるんだよ」(Nur zu! Nur zu! Das ist unser Bergwind, der hilft nach.) ハイジとクララとペーターは毎日ヤギと一緒に山にのぼり、お花を摘んで、遊んだ。「私も歩きたい！」

　1か月のマイエンフェルトの山の上で生活している間にクララは車椅子を使わなくても、一人で立ち上がり、歩けるようになった。おとうさんも、おばあさんも、クララの思いがけない回復に、どんなに喜んだことだろう。

　マイエンフェルト（Maienfeld）はチューリッヒで乗り換え、そこからクール（Chur）行きの特急で1時間40分のところにある。駅から山のアルムおんじ（Alp-Öhi）の小屋まで徒歩で2時間かかる。Almは標準ドイツ語で「山の牧場」の意味で、スイスドイツ語はAlpという。テレビの『ハイジ』は1974年4月から1975年3月まで毎週日曜日に放映された。その後、たびたび再放送されビデオ2巻も出版された。筆者は1974年以後、定年の2005年まで、ヨーロッパで学会が開催されるごとにMaienfeldに立ち寄った。日本の「**ハイジの村**」（Heidi's Village, 旧称山梨フラワーガーデン）が中央線韮崎駅からバスで20分のところにある。その庭園は現地のマイエンフェルト以上に美しい。バス停の最初の駅クララ館にはホテル、食堂、温泉、ゼーゼマン書斎がある。園内にデルフリ村発の3両連結の列車が走り、レストラン、カフェー、お土産店、作品鑑賞のテレビもある。

ハイジ村のシンボル
見晴らし塔
(lookout tower)

見晴台から見たバラの回廊
(rose corridor)

パウルのドイツ語辞典 (Pauls Deutsches Wörterbuch)

　ヘルマン・パウルの『ドイツ語辞典』はグリムの『ドイツ語辞典』と同じくらいに有名である。ふだんは佐藤通次さんの『独和言林』(白水社1948) を愛用しているので、独々辞典を使用することは、あまりないが、1987年下記のパウルを青山学院大学に比較言語学の非常勤で通勤していたとき、渋谷の正進堂で見つけて購入した。

　Hermann Paul: Deutsches Wörterbuch. 8.,unveränderte Auflage von Werner Betz. Max Niemeyer Verlag Tübingen 1981. x, 841pp. (4,000円) GrimmやNeckel (ゲルマン伝説) を読むときに、よくPaulを利用する。

　daなど、読むと面白い。da kommt er (ほら、彼がやってきた) のdaは時の副詞だが、da er kommt (彼が来たからには) は接続詞だ。印欧語の代名詞*to「それ」から来て、定冠詞the, ドイツ語derも同じ語源である。

　この辞書には日本語からの借用語はBonze (坊主) しか載っていない。ヨーロッパ全体にどのくらい普及しているかを知るにはKarl Lokotschの『東洋起源のヨーロッパ諸語 (ゲルマン語、ロマンス語、スラヴ語) 語源辞典』Heidelberg (1927, 1975^2) があり、ここには日本語起源のbonsō, chin, geisha, harakiri, jinrikisha, jujitsu, kakemono, kimono, mikado, mogusa, yoshiharaの11語が載っている。パウルの辞書は国民的な辞書だが、歴代の編者たちの日本への無関心にあきれる。Wahrigのドイツ語辞典 (1975) には載っている。

破戒（The Broken Commandment, 1906）島崎藤村作

　瀬川丑松（うしまつ）は信州の北部にある飯山町の小学校の教師だった。自分が特殊部落の出身であることを絶対に打ち明けるな、と父に言われていた。素性を明かしたら、世の中から捨てられるぞ、と。だが、同じ特殊部落の出身でありながら、新しい思想家の猪子蓮太郎は「われは穢多（えた）なり」と公然と叫んで、特殊部落民のために戦っていた。

　校長が丑松は特殊部落民らしいという、うわさを町にばらまき始めた。学校の同僚が丑松を挑発した。老教師の娘お志保だけは自分の味方だった。蓮太郎は暴徒に襲われ、亡くなった。これを知った丑松は真実の道を行く決心をした。授業のあとで、生徒たちの前で「いままで隠していたが、自分は特殊部落民でした。許してください」と告白した。出身を明らかにしたからには、もはや、この町にいられない。私は東京へ出て、アメリカに渡りテキサスで農業に従事することに決めた。

　師範時代の友人から、お志保は特殊部落民と分かっても丑松を愛し、生涯をともにするつもりだと知らされた。やがて丑松は、婚約者お志保、師範時代の友人、教え子たちに送られて飯山の町を去って行った。

［注］穢多は中世・近世に士農工商より下位の身分で、居住地や職業を制限された。1871年の布告により、差別は禁止されたが、社会的差別は存続した。その後、差別反対運動が起こった。

萩原葉子（1920-2005）詩人萩原朔太郎（p.11）の長女。母親に捨てられ、わびしい少女時代を過ごしたが、逆境に耐えて『父・萩原朔太郎』1959（筑摩書房）を出版した。室生犀星が愛情溢れるあとがき(あふ)を書いている。朔太郎と犀星は無名時代に知り合い、無二の親友だった。葉子は日本エッセイストクラブ賞で得た賞金で初めて自分の机を買った。室生犀星の発案で開催された出版記念会に三好達治、佐多稲子、宇野千代、山岸外史(やまぎしがいし)らも参加、草野心平、西脇順三郎のスピーチがあった。自伝『蕁麻(いらくさ)の家』新潮社（1976）は25年ぶりに転がり込んだ母親と知恵遅れの妹に悩まされながら完成し女流文学賞を得てベストセラーとなり、ドラマ化された。続く『閉ざされた庭』1983と『輪廻(りんね)（p.191）の暦』1997とともに自伝三部作を完成。『天上の花』1965は師として支えてくれた三好達治（1900-1964）への鎮魂歌である。三好は小学生のころから可愛がってくれた。

朴槿恵、パク・クネ（Park Geun-hye）2012年（60歳）に韓国初の女性大統領。母親が1974年暗殺の流れ弾で倒れたあと父親の大統領朴正煕（1917-1979）のファーストレディーとして助けたが、その父が凶弾で倒れたときは、パリに留学中だった。国民から国母と慕われた母親にならって質素な生活を送った。同じ靴を10年も履き続けた。国民からの声をノートに書きとめ、手帳姫と呼ばれた。だが、2017年3月、不幸な事件のために任期1年4か月を残して、清楚な大統領は職を追われた。

白鳥の騎士（The Swan Knight）グリム兄弟の原題ドイツ伝説（DS 542）は「ブラバントのローエングリーン」

ブラバント（ベルギーの州）公爵の娘エルザは父の臣下フリードリッヒから求婚されて、困っていた。彼女が神に助けを求めると、モンサルヴァッチュにある聖杯（Holy Grail）の鐘が鳴り響いた。Montsalvatge（Montsalvatsch）は南フランス語で「荒山」の意味である。

聖杯はパルツィファルの息子ローエングリーンを遣わすことに決めた。すると、一羽の白鳥が船を引いてあらわれた。ローエングリーンを船に乗せると、白鳥はスヘルデ川（Schelde）を下って目的地に着いた。求婚者との一騎打ちの結果、ローエングリーンが勝利した。

愛し合った二人は結婚した。しかし、一つだけ条件があり、ローエングリーンは自分の素性を決して教えてはならない。二人は幸福に暮らし、ローエングリーンは国を立派に治めた。ローエングリーンの名声をねたんだ、ある侯爵夫人が「あなたのご主人はキリスト教徒らしいけど、どういう家系なの。どこから船で来たのか、誰も知らないじゃないの」と言った。エルザは三日三晩泣いたあと、自分の悩みを夫に打ち明けた。ローエングリーンは、自分の父はパルツィファルであること、自分は聖杯からここに遣わされたことを、妻に告げた。エルザとの間にできた二人の息子に角笛と剣を渡し、妻には母から貰った指輪を与えた。白鳥が迎えに来た。エルザは二度と帰らぬ愛する夫を思って生涯泣き続けた。

白秋（北原白秋）「蕗の薹」（赤い鳥 1925）
蕗のこどもの ふきのたう。A butterbur sprout,（5音節）
子が出ろ、子が出ろ、 child of butterbur!（5）
ふきが出ろ。　Come out, lovely sprout.（5）
となりの雪も　とけました。Their snow has melted,（5）
おうちの雪も　かがやいた。Our snow is shining.（5）
［英語は下宮］北原白秋は萩原朔太郎とも親交あり。

蜂谷弥三郎（Hachiya, 1918-2015）　私は1946年7月、ピョンヤンにいた。ある朝、突然スパイ容疑でソ連兵に連行された。全く身に覚えのないことである。シベリアの極寒地に送られ、50年の年月を送らねばならなかった。1961年、保養所で知り合ったソ連女性クラワ（＝クラウディア）は蜂谷を何くれとなく助けてくれた。おかげでシベリアのアムール州プログレス村で農業や理髪師などの仕事をして暮らした。その後エリツィン時代に名誉が回復し、1996年、島根に住む妻と娘のもとに帰れる時が来た。弥三郎、迎えに来た娘久美子、その夫など、15人ほどの友人、テレビ、新聞社、通訳を、ロシア人主婦たちの心づくしの手料理が待っていた。

　囚人の父は異国のロシアで細々と暮らしているのではないかと案じていた娘久美子は、こんなにも大勢の善意ある人々の間で暮らしていたことを知った。送別会の挨拶で彼女は言った。「この父を長い間、見守ってくださった第二の母がロシアにいるという喜びで一杯です」。

　妻の久子は看護婦をしながら、郷里の島根で一人娘久

美子を中学校養護教諭に育てた。蜂谷とクラワのドラマはロシア全土に放映された。クラワはロシア女性の誇りと讃(たた)えられた。2003年11月、日本のテレビの招待で来日したクラワは、島根で一週間を過ごしたあと、インタビューに答えた。「あの37年間は、私の最もしあわせな年月でした。」(sámye sčastlívye gódy サームイエ・スチャストリーヴィエ・ゴードゥイ 'happiest years')

罰(ばつ, punishment) 罪と罰batsuというが、罰bachiがあたる、という。bachiは呉音go-pronunciationと言って、中国の南部方言からきた。女人nyoninも同じ。

反戦の詩(antiwar poem) 君死にたまふことなかれ。

　与謝野晶子(1878-1942)が弟の戦死を悼んで詠んだ詩。弟は2歳年下、日露戦争(1904)で旅順(リュイシュン)に24歳で戦死した。与謝野晶子は堺市の菓子屋の三女だが、当時、『みだれ髪』1901で一世を風靡していた。

「君死にたまふことなかれ」Brother, you must not give your life. あゝをとうとよ、君を泣く。Oh my brother, I cry for you. 君死にたまふことなかれ。You must not give your life! 末に生まれし君なれば、親のなさけはまさりしも。You, the youngest of us all, most loved by our parents. 親は刃(やいば)をにぎらせて人を殺せとをしへしや。Did they place a sword in your hands, teaching you to murder; 人を殺して死ねよとて to kill and then to die yourself? 二十四までそだてしや。Is that how they raised you, these twenty-four years?

パロディ（parody, ことば遊び）「光は東方より」は聖書の言葉だが、コロンブスのアメリカ発見500年の1992年に「贅沢は西方より」（1992）が作られた。ラテン語でEx oriente lux, ex occidente luxus. また「半死半生」half death half lifeという言い方があるが、「半死」half death =「半生」half life. その両辺を2倍すると「死」death =「生」life. こんなことってあり？

ヒキガエル（The Toad）アンデルセンの童話

　ヒキガエルの一家が井戸の底に住んでいました。そこの岩場が乾いていて、住み心地がよかったからです。

　ある日、お母さんカエルが井戸のそとへ旅をしようと思って、水を汲みに来たつるべに飛びこみました。つるべというのは、深いバケツ（井戸のバケツ well bucket）のことです。そして、つるべが上に来て、ジャーッと水があけられたとき、カエルは外に飛び出ました。しかしお日さまの光があまりに強いので、次の便で井戸の底に戻ってしまいました。

　次の日、末っ子のヒキガエルがつるべに乗って、そとに出ました。ちょうど通りかかった下男がヒキガエルを見て「きみがわるい！」（how strange!）と木靴で蹴とばしました。キャッ、乱暴だな。

　そとに出ると食べ物がたくさんありました。コウノトリはずいぶん高いところにいるんだなあ。なに、人間なんかいなくても、カエルとイモムシがあれば、やっていけるだって？ これからデンマークよりも住みやすい、故

郷のエジプトに行くんだ、と話し合っています。
「ぼくもエジプトへ行きたいなあ。コウノトリがぼくを連れていってくれないかなあ」と思ったとたん、ヒキガエルの子はパクッと食べられてしまいました。ほんの数日の冒険でした。[toadはヒキガエル、カエルはfrog]

人は何によって生きるか（What Men Live By；ロシア語 čem ljúdi žívy；1881）トルストイの『民話23編』（Oxford World's Classics, 1906）の中の一つである。

シモンという靴屋が妻と子供たちと一緒に住んでいた。仕事は安く、パンは高かった（Work was cheap but bread was dear; xleb byl dorogóy, a rabóta deševaya）。

シモンは村人から靴直しの代金を貰いに出かけたが、彼らはみな貧しく、少し待ってくださいと言われ、払ってもらえなかった。やむを得ず、家に帰ることにした。すると途中で、神社の壁にもたれて、寒い冬の晩に、一人の裸の男がふるえているではないか。シモンは、どうしたんですか、と声をかけて、上着を着せてやった。相手は神の怒りに触れたのです、と答えただけだった。

男を連れ帰ると、案の定、妻は激怒した。代金も貰えず、そのうえ、えたいの知れない者まで連れ込んで。「メシを用意してくれ、二人分」妻はマトリョーナという名だが、さらに怒った。だが、女は男を見て憐みを感じ、パンと飲み物（クワス）を出した。そのとき、ミハイルは、にっこりほほえんだ。課題①

ミハイルというのが男の名だった。シモンは言った。

ここにいてもよいが、食べるためには働かなければならないよ。君は何ができるんだい。何もできません、というので、シモンは靴直しの仕事を教えた。

ミハイルは、とても器用で、仕事をすぐに覚えた。主人のシモンと同じくらいに上手に靴仕事ができるようになった。その上、仕事が早かった。村中の評判となり、仕事がどんどんふえた。口数が少なく、小食だった。

ある日、立派な馬車に乗った大がらの紳士が降り立った。「この革で長靴を作ってくれ。どうだ、立派な革だろう。ドイツのだぞ。20ルーブルするんだぞ。1年もったら代金に10ルーブル払ってやる。」

このとき、ミハイルは、二度目にほほえんだ。紳士は何をニヤニヤしているんだ、とどなった。ミハイルは寸法を取り、早速仕事に取りかかった。ところが驚いたことに、長靴ではなく、スリッパを作ってしまったのだ。いままで間違ったことは一度もなかったのに。夕方、紳士の下男がやってきて、旦那が急死したので、長靴ではなく、死人用のスリッパがほしい、と言った。主人のシモンは、驚いたが、ホッとした。もうできあがっている。

ミハイルは神に仕える天使だった。紳士のうしろに、死の天使がいるのを見て、長靴を注文したデブ紳士が、その日のうちに死ぬことを知ったのだ。課題②

神から、ある女の魂を持ち帰れと命令された。その女は夫が3日前に死に、ふたごの女の子を生んで苦しんでいた。ミハイルは哀れに思い、その婦人の魂を持ち帰ら

なかった。だが再度命じられた。婦人はふたごの一人にお乳を飲ませ、もう一人にお乳を飲ませているところだった。ミハイルは、神の怒りに触れて、翼を奪われ、まる裸のまま、地上に落ちたのだ。天使でいる間は、寒さも飢えも感じないが、いまは人間と同じである。

絶命した母親は、その腕が赤子の片足の上に乗り、足がかたわになった。村人が相談して、とりあえず隣家の主婦に育てられることになった。その主婦は、最初、かたわの赤子は到底、育つまいと思った。でも、やはり、かわいそうだ。自分の息子がすでにいたのだが、三人にかわるがわるお乳を与えて育てた。だが、自分の息子を2歳で亡くした。が、あずかったふたごは、すくすく育ち、主婦の喜びとなった。そして、いま、6歳になった彼女らのために、小さな靴を注文しに来たのだった。そのとき、ミハイルは三度目にほほえみ、そして顔が輝いた。6年前の、生れたばかりのふたごが、無事に育ったことを知ったからだった。課題③

神からの三つの課題を解いたとき、ミハイルの背中に翼が生え、閃光に包まれて、天に昇って行った。

三つの課題：ミハイルは、人間の世界において、三つのことを学んで来い、と命じられた。①人間には何が宿っているか、②人間に与えられていないものは何か、③人は何によって生きるか、である。その解答は①人間には愛が宿っている。②人間は、いつ死ぬか（time of death）を知らない。③人は愛によって生きる、である。

一房の葡萄（A Bunch of Grapes）有島武郎（1878-1923）が中学時代の思い出を語る（1921）。

　ぼくは横浜に住んでいた。ぼくが通っていた中学校は生徒も先生も外人が多かった。ぼくは同級生のジムが持っている絵の具のうちの洋紅（European red）と藍（あい, indigo, deep blue）がほしかった。横浜の海と港にある船を描くには、ぼくの絵の具では足りなかった。昼休みに、ぼくはジムの絵の具入れから、二つの色を盗んだ。しかしクラスの数人に見つかってしまった。そしてぼくの大好きな女の先生の部屋に連れて行かれた。

　先生は「ほんとうに盗んだの？もう返したの？」とやさしく聞いた。ぼくは「はい」と言うかわりに泣き出してしまった。先生は、連れてきた生徒たちに「もうクラスに戻ってよいですよ」と言った。みんな物足りなげに、階段を下りて行った。先生はぼくに「次の時間は授業に出なくてよいから、この部屋にいなさい」と言って、窓から見える一房のブドウをくれた。先生は部屋に戻って来て、明日はかならず学校へいらっしゃいよ、と言った。

　ぼくは、おなかでも痛くならないかな、頭でも痛くならないかな、と思ったが、そうはならなかった。ぼくはいやいや学校へ行った。すると、ジムが学校の門のところで待っていた。そして、ぼくの手をひっぱって、先生のところへ連れて行った。ジム、あなたはよい子ね。仲直りのしるしに、握手をなさい、と先生は言った。そして、葡萄を銀色のハサミで一房切って、二人に半分ずつ

分けてくれた。葡萄の季節になると、いつもあの大理石のように白い先生の手を思い出すのだが、先生がどこへ行ってしまわれたのか分からない。

美の壺（Pots of beauty）

　美の壺（ナビゲーター谷啓、草刈正雄）はNHKの番組で、日本の陶器や絵画を紹介している。絵画、衣装、装身具、指輪、腕輪、食器など、人により異なるが、これだけは、最後まで捨てられない思い出の品々だ。

　私の場合は辞書と書物である。以下に10点ほどを使用頻度の高い順に記す。みな血となり肉となった。書き込みがたくさんある。1. American Heritage Dictionary of the English Language (College edition, 2002)；2. 佐藤通次『独和言林』白水社1948；3. 山本直文『標音仏和辞典』白水社1950；4. Collier's Encyclopedia(Boston, New York, 1956；1958年、神田の古本街の道端に積んであった。私が購入したのは、20巻のうち17巻で、最初の3巻が欠けている。言語学担当の編者がGiuliano Bonfanteだった)；5. Petit Larousse Illustré (2006)；6. 広辞苑（4版1991）；7. 国語辞典（集英社、1993）；8. Pauls Deutsches Wörterbuch(1981)；9. Touristik Atlas (1986)；10. ①岩波全書：ラテン語入門、ギリシア語入門、比較言語学、印欧語比較文法、音声学、英語史；②ゲッシェン文庫：ゴート語入門、古代英語入門、古代ノルド語入門、ゲルマン言語学、印欧言語学など；③アンデルセン、グリム、トルストイなど。

氷点（Freezing Point）三浦綾子の小説（1963）

　旭川の辻口病院の院長夫妻には息子の徹と娘の陽子がいる。陽子は赤ん坊のときから事情があって、辻口夫妻に育てられた。最初、育ての母・夏江は陽子にいじわるをした。[夏江は自分が美人であることを意識しすぎている] 陽子が中学卒業のとき答辞を読むことになっていたのに、原稿を白紙にすりかえて、恥をかかせた。

　徹は陽子を異性として見るようになった。彼女は17歳のとき、生みの母に捨てられたことを知って服毒自殺を図ったが、四日三晩こん睡状態のあと助かった。遺書に「わたくしの一番お慕いしている人、おにいさん、死んでごめんなさい」とあった。辻口徹の友人北原も真剣に陽子を愛していた。辻口と北原は言った。「宣戦布告だが、漱石の『こころ』にならないようにしよう。」

　陽子は北海道大学に入学した。ある日、北原は陽子を助けようとして右足を失った。陽子は責任を感じ北原との結婚を決意するが、北原は、ぼくのことはよいから徹のところにお帰りと言った。徹は陽子と結婚できなければ、アメリカかドイツに留学するつもりだ。

　朝日新聞懸賞応募作品731点からの当選作品（賞金1,000万円，うち税金450万円）。三浦綾子（1922-1999）は脊椎カリエスと結核で7年間闘病したが、キリスト教を通して、結核だった旭川営林省総務課勤務の三浦光世（1924-）と知り合い1959年に結婚した。夫はその後、旭川の三浦綾子文学記念館館長。

ピョンヤン（Pyongyang）北朝鮮の首都。ピョンヤンからソウルに潜入する地下トンネルがある。全長1,635メートル、高さ2メートル幅2メートル、武装兵士1万人が30分で通過できる。彼らは、最初、韓国が作ったと主張していた。いまソウルからの観光ルートになっている。5,000年前にはアジアにおける人類発祥地の一つだったが、その後、恐怖政治のために世界最貧国となった。そのトップ（34）が、異母兄（45）を暗殺しミサイル開発に巨費を投じ、国民は貧困のどん底にある（2017）。

ビルマの竪琴（The Harp of Burma）竹山道雄著。

太平洋戦争の末期、日本軍はビルマ戦線から敗走したが、その中に音楽の得意な隊長と、竪琴の名人・水島上等兵がいた。部隊は英国軍に包囲されたが、敵を油断させるために、「埴生の宿」（Home, Sweet Home）を合唱すると、英国軍もそれにあわせて英語で歌い始め、いつの間にか両軍が手を握って一緒に合唱していた。終戦の3日前だった。日本軍はムドンの町の捕虜収容所に入れられた。水島は、日本軍を説得する任務を与えられた。

水島は無事に任務を終えて、仲間たちの待つムドンへ急いだ。だが、途中で日本兵の死体が、いたるところに散乱しているのを見た。水島は片づけ始めたが、あまりにも多いので、躊躇した。外国人でさえ、日本兵の遺体を葬ってくれているではないか。隊長も仲間も心配して私を待っていてくれた。そして一緒に帰国しようと説得したが、私の決意は固かった。この地に留まって、ビル

マの僧になろう、そして亡くなった日本兵の慰霊しようと決意した。日本兵は罪なくして戦争の犠牲となり、遠い異国に散ったのだから。水島は仲間たちの前で竪琴をかき鳴らし、「仰げば尊し」を演奏して森の中へ消えた。

　竹山道雄（1903-1984）は独文学者、評論家。東大教授。『ツァラトゥストラかく語りき』『ゲーテ詩集』などの翻訳があり、ビルマの竪琴は児童文学の分野で毎日出版文化賞を得た。『わが生活と思想より』（1939）の翻訳でシュヴァイツァーを紹介した。

不思議の国のアリス（Alice's Adventures in Wonderland, 1865）イギリスのルイス・キャロル作の童話。

　アリスは森のそばで遊んでいた。おねえさんの本は活字ばかりで絵がなくてつまらないな。アッ、ウサギだ。ウサギは時計を見ながら、急がなきゃ、遅れちゃうぞ、と走っていた。アリスはあとを追いかけた。ウサギは井戸の中に入って行ったので、アリスもあとを追うと、井戸の中に落ちてしまった。ウサギは井戸の底から抜け出して、なおも走り続けるので、アリスも追いかけた。すると途中にビンが置いてあり、「このジュースを飲んでください」と書いてあったので、飲むと、急に身体が小さくなり、イモムシぐらいの大きさになった。さらに走って行くと、小さな家があった。中に入ると「このクッキーを食べてください」と書いてあったので、食べると急に身体が大きくなり、首は鶴のように長くなった。そして頭がドアのそとに突き出し、片足は煙突から

突き出てしまった。やっと家から這い出して、ウサギのあとを追うと、宮殿に着き、食卓では王様、女王様、兵士たちが食事を始めるところだった。

ウサギはこの宴会に急いでいたのだ。アリスも席につこうとすると、王様が「お前は誰だ」と言うので、「アリスです」と答えると、「招待されもしないのに来るとは失礼じゃないか。死刑にしてしまえ」と叫んだ…。

そこで、目が覚めた。「いつまで寝ているの」とおねえさんが言った。

復活（Resurrrection, 1899, Voskresen'e） トルストイ

ネフリュードフ公爵は地方裁判所の陪審員として法廷に出ていた。被告の名カチューシャ・マースロワを聞いたとき、ネフリュードフは、ハッとした。カチューシャが18歳のとき、彼女を誘惑して妊娠したのを知ると、金を与えて逃げてしまったのだ。ネフリュードフに捨てられた彼女は、それから7年、世の荒波にもまれながら男たちへ復讐すべく、売春婦に転落して行った。今回の殺人事件は、宿屋の計略に乗せられたのだ。カチューシャは無実を泣き叫んだが、懲役4年を言い渡された。

おれは彼女の生涯を破滅させてしまったのだ。おれはなんとしても彼女の許しを請わねばならない。彼女はシベリアの流刑地に向かって、刑事犯の囚人の車中にあった。ネフリュードフは許嫁の令嬢も、栄華な生活も捨てて、三等車でカチューシャのあとを追った。彼はカチューシャに正式に結婚を申し込むつもりでいた。

ネフリュードフの奔走で、カチューシャは刑事犯から政治犯のグループに移された。ここでカチューシャは革命家シモンソンに出会い、大きな影響を受けた。彼女は生きることに自信をもちはじめ、彼に敬愛の念を抱いた。彼女はシモンソンの結婚申し込みを受け入れ、シベリアの奥地で生活をともにする、とネフリュードフに告げた。カチューシャは新しい人生に復活したのであった。「復活」は松井須磨子が1914年以後帝国劇場で5年間の間に44回も演じた。トルストイ晩年の小説。

フライパンじいさん（Frying pan）神沢利子の童話。

　フライパンは家族のために卵焼きや野菜炒めを作り、テンプラも作った。活躍しない日はないほど、いそがしかった。朝も、昼も、晩も、そして、おやつのときも。それでも、フライパンは、すこしもいやな顔をしなかった。だが、ある日、あら、まっくろになっちゃったわ、と奥さんが新しいのを買ってきた。それで、いままでのフライパンはフライパンじいさんとなって、流しの下に放り込まれてしまった。

　夜、ごきぶりが出て来て、なぐさめた。「じいさん、元気を出しなよ。世間は広いんだ。旅に出たらどうだい。」そこで、フライパンじいさんは旅に出た。外の世界は、なんて明るいんだろう。森の中にはいると、ヒョウが出て来た。こりゃ何だ。フライパンの中をのぞいて見ると顔がまっくろになってしまった。ヒョウの奥さんも出て来て、同じように中をのぞいたら、その顔もまっくろに

なってしまった。それから、いろいろな動物が出て来て大騒ぎになった。それから空を飛んで外国にも行った。

神沢利子（1924-）は幼時から樺太（サハリン）の炭鉱町に育った。6人兄弟。13歳のとき東京に引越し、文化学院文学部に学んだ。20歳で結婚、夫は中国に出征したが、22歳のときに復員。娘2人あり。『少女の友』『母の友』などに詩や作文を投稿。NHKうたのおばさんになり、定収入を得た。『ちびっこカムの冒険』のカムはカムチャトカのカムからきている。300もの童話を執筆。

フランス語口語入門書（Elementarbuch des gesprochenen Französisch. Texte, Grammatik und Glossar, von Franz Beyer und Paul Passy, 第2版, Cöthen, 1905）
フランツ バイヤー　ポール パッシー
原田哲夫文庫，東海大学。

Henry Sweetの『口語英語入門』（Oxford, ドイツ語版1885, 英語版1890）と同様、発音記号を徹底し、綴り字は必要な場合にのみ用いる。

以下、発音記号、ドイツ語の意味、女性、男性。

定冠詞	la mɛ:r 'die mutter' 母	lə pɛ:r 'der vater' 父
	la fam 'die frau' 女	l'ɔm 'der mann' 男
複数	le mɛ:r 'die mütter'	le pɛ:r 'die väter'
	le fam 'die frauen'	lez-ɔm 'die männer'

グロッサリーも発音記号順になっている。a前置詞「…に」a「彼はもっている」abi「衣服」adjø「さよなら」

ペトロッホリー（Pitlochry）漱石が親日家の招待で1902年10月に滞在したスコットランドの保養地で、漱石が

随筆「昔」の中に描いている。エディンバラから汽車で2時間。日本人が訪れるダンダラハDundarachホテルは2階建てでロビーには漱石の肖像写真と岩波文庫の『道草』が陳列されている。『宝島』のR.L.Stevensonも家族とひと夏を過ごした。地名の意味は「石の町の人々」。

ヘビ（snake）1925年、小学4年生の作文である。私はきのう、くりをひろいに行きました。むちゅうになって拾っていると、木のはの中で、かさかさとしました。見ると、大きなへびがでてきました。びっくりしました。が、よく見ると、大きなしまへびでした。私はへびのくびたまをもつて、さんじゃくをしゃばいて、くびをしばつて、うちへ引きずつてきました。すこしおいて、ひもをとくと、口の中から、大きなカエルが出て来ました。また、くびをしばって、かりんの木にしばりつけておきますと、へびは木にからみつきました…。おとうさんに「これをいくせんでうってくるだい」といって、おとうさんにききますと、「25銭でうつてこい」といいました。私はうれしくて、どんどんと、へびをひっぱって行きました。そうして、かっちゃんのうちへ行つて「おばさん、へびをいらんかい」といってきくと「いるともなんとも」といいました。「これはでかいヘビだ」…。そうして私が「おっちゃん、かわんかい」といいますと「かってやる」といいました。そして「25銭でもいいら」といいました。私が「かわをむかんでもいいかい」とききますと「おお、むいてくれやい。そうすればむきちんをやる」といいました…。そしてむいてしまった。それ

167

から30銭もらってかえりました。(山梨県北巨摩郡小淵澤小学校尋常4年、坂口芳盛)[現代仮名遣いになおした]

これは『赤い鳥』大正14年(1925年)3月号に載った作品である。編集者鈴木三重吉(1882-1936)が「綴方選評」で書いている。「今月はまた2000近い多数の作品が集まりました。佳作も15篇ばかりありましたが仕方なく、すぐりにすぐって、わずか6篇しか掲載できないのは、いかにもお気の毒です。」

大きなヘビを、すででつかまえる勇気と、生きたまま皮をむく残酷さは、現代人ばなれしていますね。

ボールドウィン(James Baldwin, 1841-1925) アメリカの作家、教育家。インディアナ生まれ。『50の有名な物語』ほか54冊、合計2,600万部。アントニオ・カノヴァ、恩知らずの兵士、ローリ(Raleigh)参照。

星の王子さま(Le Petit Prince)

王子さまの住んでいる星はB612という小さな星で、3階建てのビルぐらいの大きさしかありません。王子さまは、この星に、たった一人で住んでいました。ある日、風に乗って、小さな種が舞い降りました。バラの種でした。美しいバラが誕生し、王子さまのお友だちになりました。でもバラは、とてもわがままだったのです。王子さまは、本当の友だちを探し求めて、緑の星(地球)に旅立ちました。

英語もフランス語(1947)も、その他のヨーロッパ諸語も「小さな王子」と訳しているが、日本語は「星の王

子さま」と内容にそくした訳だ。その訳者内藤濯(あろう)（1883- 1977）はパリのサロンで和歌をフランス語に訳して紹介した。一高時代の教え子渡辺一夫（東大教授）は、先生は授業の最後に必ず今日の要点を繰り返した。とても役立った、と書いている。内藤はアルコールを飲まなかった。家に来てもよいが、おみやげを持ってこいよといった。おみやげは品物ではなく、何か課題を持ってこいよと言いたかったのである。

　伊藤整（1905-1969）は東京商科大学でのゼミナールで内藤濯の唯一の学生だった。教室の明かりが消えると先生と学生は駅まで一緒に歩いて帰り文学談義を続けた。
星の銀貨（The Star Dollars）グリム童話KHM153
　小さな女の子がいました。両親は亡くなり、住む家も寝るベッドもありません。あるのは着ているものと、親切な人から貰った小さなパンが一個だけです。少女は神様を信じて野原に出ました。すると男の人がやってきて食べ物をくださいと言うのです。少女はパンを与えてしまいました。次に子供がやって来て、寒いというので、帽子を与えました。いろいろな人が次々にやって来て、胴着もスカートも与えてしまいました。森に着いたとき最後に、襦袢（ジュバン）をください、と言うのです。もう暗いので、誰にも見られないだろうと思って、それも与えてしまいました。

　すると、どうでしょう。そのとき、空から小さなお星さまが、パラパラと降って来て、それが地面に落ちるとピカピカの銀貨に変わっているではありませんか。その上、少女

は上等のリンネルの襦袢(じゅばん)を着ていました。彼女はお金を拾い集めて持ち帰り、しあわせに暮らしました。

ボスポラス海峡（Bosporus）はマルマラ海（the Sea of Marmara）と黒海を結ぶ海峡である。bos 'ox' + porus 'ford'「牛が渡れるところ、浅瀬」の意味で、イギリスのOxfordと同じ表現である。アルゴス（Argos）の王イナコス（Inachos）の娘Io（イーオー）に恋したゼウスが彼女を牝牛に変えて海峡を渡らせた。porusは英語 fare「行く」（farewell元気で行きなさい）と同根。

ポティエ（Pottier, Bernard, フランスの言語学者）

1. ベルナール・ポティエ（1924-）に初めてお目にかかったのは1991年7月16日 – 20日、ドイツのキールで開催されたヨーロッパ言語学会（Societas Linguistica Europaea）においてであった。1991年は、この学会創立25周年であったので、会長（任期1年）経験者全員が講演に招待され、各自が得意の講演を行った。PottierのテーマはOù va la sémantique?（意味論はどこへ行くか）であった。意味の世界を過去・現在・未来に年代順（chrono-logique）に分けて、naître→vivre→mourir（生まれる→生きる→死ぬ）、arriver→être→s'en aller（到着する→いる→去る）のように語彙の構造を説いた。

1991年秋、津田塾大学の言語学概論で、この問題を扱ったら、学生の答案にmeet→marry→divorce（出会い→結婚→離婚）というのがあった。

キールの学会で、私は初めてProf.Pottierにお目にか

かった。先生のPrésentation de la linguistique（Paris, Klincksieck, 1967；絶版）を戴けないでしょうか、とお願いしたところ、1991年9月5日にパリから東京に送ってくださった。1967年、東京の丸善洋書部に山積みになっていた。私は早速1部購入したが、公費購入のため1975年、弘前大学の研究室から持ち出せなかった。

Présentation de la linguistique（言語学紹介, 1967）は副題がFondements d'une théorie（理論の基礎）となっており、全体で78頁の小冊子だが、言語学全般を扱い、言語学の百科辞典のようだ。内容豊富で、1頁1頁が単行本1冊に拡張できるほどである。私は自分で索引を作り、学会発表や論文執筆に利用した。

2. ポルトガル語の「どうもありがとう」muito obrigado〔ムイントゥ オブリガード〕のmuito（たくさん、非常に）がなぜ［ムイントゥ］と鼻母音で発音されるのかPottier先生に伺うと、早速ご返事をいただいた（2015年5月2日）。中世スペイン語には語源とは無関係のnがよく見られ、muchoがmuncho〔ムチョ ムンチョ〕のように発音される。mazana（リンゴ）がmanzana〔マサナ マンサナ〕と発音される。その後、私はnon-etymological n の例を次の本の中に発見したので、先生にその報告をした。

ポルトガルの宣教師ルイス・フロイス（Luis Frois, 1532-1597）は1562年長崎に到着、35年間、宣教のかたわら、日本の風俗習慣を詳細に観察し、イエズス会の本部に報告したものが『ヨーロッパ文化と日本文化』（岡田章雄訳注、岩波文庫、1991）として出ている。当時の

ポルトガル語の発音の特徴と思われる例を5つ掲げる。
（1）Canzusa（加津佐(かづさ)、長崎近郊の村）。フロイスは本書を1585年6月14日にCanzusaで書いた。（2）bōzo［ボンズ；アクセントのないoはuと発音］（坊主）英語のbonzeに当時のポルトガル語のōが見える。（3）cōgatana［コンガタナ］（小刀）。（4）nāguinata［ナンギナタ］（薙刀）。（5）sacāzuqi［サカンズキ］（盃）。

舞姫（The Dancing Girl, 1890）森鷗外の小説。

　太田豊太郎は医学研究のため、ベルリンへ留学することになった。豊太郎はそこでエリーゼ（Elise）という踊り子に会い、二人は交際を始めた。しかし仲間たちから中傷され、豊太郎は官費（収入源）を失った。彼の苦境を救ったのは友人の相沢謙吉だった。相沢は豊太郎のために、ある新聞社の通信員の職を紹介した。仕事を得た豊太郎はエリーゼとその母親と暮らすようになった。

　しかし、相沢は豊太郎とエリーゼの交際をよく思っていなかったので、エリーゼと別れるよう豊太郎に忠告した。豊太郎は友人の忠告を無視できず、エリーゼと別れることを友人に約束した。

　そんなとき、豊太郎に日本への帰国の話が舞い込んだ。だが、そのことをどうエリーゼに切り出したらよいか分からず、豊太郎は悩んで、病に倒れてしまった。

　数週間後、豊太郎は意識を取り戻したが、エリーゼのほうが精神を壊してしまった。豊太郎が寝込んでいる間に、相沢がエリーゼに、豊太郎が彼女と別れて日本に帰

国するということを告げてしまっていたのだった。豊太郎にとって相沢は無二の友であるにはちがいないが、一方、彼への反感も残っていたのだ。

　森鷗外（1862-1922）は島根県津和野（小京都と呼ばれる）の出身。1881年東京帝国大学医学部を最年少で卒業し軍医として陸軍に所属。1884-1888年ベルリン、ライプツィヒ、ドレスデン、ミュンヘンに医学を学んだ。

マッチ売りの少女（The Little Match Girl）

　アンデルセン童話。アンデルセンが貧しかった母親の少女時代を思い浮かべて、創作したものです。

　寒い冬の夜、雪の降る中を、一人の小さな少女がマッチを売りながら歩いていました。おなかはペコペコ、マッチは一つも売れていません。このまま家に帰ったら、お父さんに、きっとぶたれるわ。

　少女は家のすみに坐って、マッチを一本すりました。シュッと音がして、まるで小さいロウソクの火のようでした。なんと暖かいこと！　それが消えると、もう一本すりました。クリスマスのロウソクの一本が空に向かって高く飛んで行きました。「アッ、誰かが死ぬんだわ。おばあさんがそう言っていたもの」。また一本すると、明るい光の中に、大好きだったおばあさんがあらわれました。あたしを、とてもかわいがってくれたのです。「おばあさん！　あたしを連れてってちょうだい！」

　少女は残りのマッチを全部すりました。おばあさんは少女を抱き上げました。二人は神さまのもとに召された

のです。そこには寒さも空腹もありません。翌朝、少女は、ほほえみを浮かべて、死んで、うずくまっていました。暖まろうとしたんだね、と人々は言いました。

蜜柑（Oranges）芥川龍之介作。

　私は夕方、横須賀発の汽車の二等の車両に乗って、発車を待っていた。夕刊には特に興味のある記事はない。車両には私だけだった。するとそこへ、13、14歳ぐらいの、しもぶくれした、下品な女の子が、風呂敷包みを抱えて乗りこんできて、私の近くに坐った。それと同時に汽車が発車した。女の子は手に三等切符を握っていた。

　二等車に紛れ込んで来たこともそうだが、その子の風情が、気に入らなかった。トンネルにさしかかろうとしたとき、その子は窓を一生懸命に開けようとしている。トンネルを過ぎたとき、彼女は窓をさらに大きく開けた。汽車が踏切にさしかかったとき、男の子が三人、彼女に手を振っていた。彼らにミカンを5、6個、パラパラと投げかけた。そのとき、私はいっさいを知り、納得した。彼女はこれから奉公に出るのだ。見送りにきてくれた弟たちに、感謝の気持ちを込めて、ミカンを投げたのだ。

　芥川龍之介（1892-1927）小説家。夏目漱石門下。東大英文科卒。1916年卒論は『ウィリアム・モリス研究』であった。同人誌に掲載の『鼻』が夏目漱石の賞賛を得た。芥川賞は1935年文藝春秋社により設けられた。

みなその正しい場所に（Everything in its Right Place）
アンデルセン童話。

狩りが終わって、一行がお城に帰る途中でした。城主が道端にいたガチョウ番の娘の胸をついたので、娘は泥の中にあおむけに倒れてしまいました。城主は笑いながら、「みんなその正しい場所に、お前の場所は、その泥の中だ」と言って、走り去りました。

それを見ていた行商人が助けてくれました。その人は靴下を売って歩く商人だったのです。「みんなその正しい場所に」と言いながら、少女を乾いた場所に乗せました。少女は、起き上がるときに、つかまった柳の枝が折れてしまいましたので、その枝を道ばたに植えました。そして、その柳は、のちに、立派に成長しました。

お金持ちの城主はさんざん贅沢な暮らしをしているうちに、すっかり貧乏になり、6年後、お城を手放さねばならなくなりました。

お城はお金持ちの行商人に買い取られたのです。ガチョウ番の娘を助けてくれた人です。二人は結婚して、このお城に住むことになりました。正直と勤勉には順風が吹くものです。お城では、家族全員が楽しく暮らしました。行商人は勉強して、法律顧問官になりました。お城の広間に城主と妻の肖像画が飾られました。何代かのちのこと、牧師の息子がこの屋敷で家庭教師をしました。そして、そのお城の娘と結婚することになりました。「みんなその正しい場所に」おさまったのです。

メーリンガーとシャルコの連合中枢（Meringer and Charcot's Associations-Centrum）

　Rudolf Meringer（ルードルフ・メーリンガー，1859-1931）は当時ウィーン大学の助教授で、その『印欧言語学』は、わずか136頁だが、一般言語学的な考察が種々あり、興味深い。その一つが右頁のシャルコ（Jean-Marie Charcot, 1825-1893）の連合中枢（Associations-Centrum）の図で、「鐘を見る」「鐘が鳴るのを聞く」「鐘という語を読む」「鐘と書く」という視覚・聴覚・書記中枢・言語中枢の関係を示している。

1. 視覚（See-Centrum）：私は鐘そのものを見た。
 Ich habe die Glocke selbst gesehen.
2. 聴覚（Hör-Centrum）：私は鐘が鳴るのを聞いた。
 Ich habe die Glocke selbst läuten gehört.
3. 書記中枢（Schrift-Centrum）：私は鐘という語を読んだ。
 Ich habe das Wort GLOCKE gelesen.
4. 筆記中枢（Schreib-Centrum）：私の手は「鐘」と書く。
 Meine Hand "Glocke" schreibend.
5. 言語中枢（Sprach-Centrum）：私は「鐘」という語を聞いた。Ich habe das Wort "Glocke" gehört.
6. 発話中枢（Sprech-Centrum）：私の口は「鐘」という。
 Mein Mund "Glocke" sprechend.

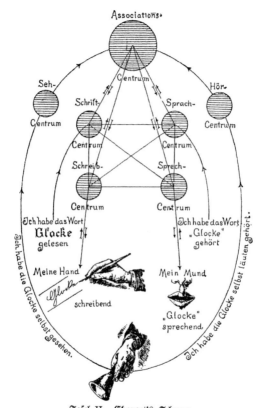

Tafel II. Charcot's Schema.

Nach Ballet, Die Innerliche Sprache (modifiziert). Die Pfeile bedeuten die Richtung der Anregungen, welche die Nervenbahnen vermitteln.

森は生きている （原題は Twelve Months 12の月）

ソビエトの童話作家サムイル・マルシャーク Samuil Marshak（1887-1964）の戯曲（1944）。原題「12の月」は1月から12月までの神様を指す。湯浅芳子（1896-1990）が『森は生きている』（岩波少年文庫 1953）と名訳した。

主人公はロシアの女王と孤児アーニャである。女王の両親は若くして亡くなったので、国王の後を継いで、わずか14歳で女王になった。別の主人公アーニャも同じ14歳だが、彼女は継母とその娘にいじめられている。

大晦日の日、女王は家庭教師から草花の授業を受けている。松雪草（snowdrop）の絵を見て「まあきれい、私、いますぐこの花を見たいわ」と言ったが、家庭教師は「4月になれば、ご覧になれます」と答えた。女王は、明日、お正月に宮殿に飾りたいから、すぐにお触れを出しておくれと言って大臣を呼んだ。大臣は宮殿の前で叫んだ。「明日の朝までに宮殿にカゴ一杯の松雪草を届けるべし。その者には、カゴ一杯の金貨を与える」。

これを聞いたアーニャの継母とその娘は「森へ行ってカゴ一杯の松雪草を摘んで来い」と言って、アーニャを吹雪の森の中に追い出してしまった。

4月の花が、12月の森の中にあるはずがない。だが、12人の神様がアーニャを憐れんで、3か月を1時間に縮めて松雪草を咲かせてくれた。アーニャの摘んできた松雪草が宮殿に届けられた。女王はアーニャと大の仲よしになり、わがままな女王も立派に成長するだろう。

門（The Gate）夏目漱石の小説（1911）

　野中宗助と御米（およね）は仲のよい夫婦であった（They were a happy couple）。御米は、以前、宗助の親友であった安井の妻であった。宗助は学生時代に御米と恋に落ちた。そして、安井を裏切り、御米と一緒になった。ある日、宗助は家主の坂井から「満州にいる弟が友人と一緒に東京へやってくる」という話を聞いた。この友人が、御米と別れたあと、満州へ渡った安井だった。思いがけず、安井の名を聞かされ、安井が近くに来ることを知って、宗助は驚き、悩んだ。そのことを御米には言わず、鎌倉の禅寺へ出かけた。禅寺で数日間、座禅を組んだり、僧侶たちの話を聞いたりして、過ごした。だが、悟りの境地には至らなかった（did not attain enlightenment）。宗助が東京へ戻ると、坂井の弟と安井はすでに満州へ帰ったあとだった。宗助と御米は、もとのひっそりした生活に戻ることができた。

『三四郎』で実らなかった恋が『こころ』『それから』『門』で成就する。漱石山房のメンバーだったエリセーエフは、1916年、ペトログラード（ピョートルの町の意味、いまサンクト・ペテルブルク）の日本語講師となり、漱石の『門』を講読している、と漱石に書いている。

　漱石山房に集まったとき、漱石が娘にエリセーエフさんのお嫁さんになったらどう？と言うと、「いや」という返事なので、どうして、とたずねると、「だって目が青いんだもの」と娘は答えた。

やられた (A Clever Young Lady)

ある雨の寒い日、オックスフォード行きのバスが学生で満員だった。そのとき、一人の若い美しい婦人がバスの入り口で、中にもう一人分の席はありませんか、と尋ねた。学生たちは喜んで叫んだ。席は十分にありますよと。それを聞いて、婦人がドアで料金を払うと、「よろしい」と運転手。すると婦人は外に向かって叫んだ。「おじいさん、いらっしゃい、お乗りなさい。そして紳士たちにお礼を言ってね。」

ニヤリとして婦人は祖父をバスに乗せると、立ち去った。学生たちのニッコリは消えた。

[出典]『大人のための英語』Ida Thagaard & Niels Haislund: Engelsk for voksne. 20版、合計12万部。An apple a day keeps the doctor away (一日一個リンゴを食べれば医者はいらない) などのことわざや、英語の不得手なアンデルセンがロンドン滞在中に失敗した話とか面白い話がたくさん載っている。

雪の降る町を 2006年11月26日（日）童謡 nursery song（NHK）。童謡の日本語は美しい。ほとんど全部和語である。雪の降る町を、雪の降る町を、思い出だけが通りすぎて行く。足音だけが追いかけて行く、雪の降る町を。1953、作詞：内村直也、作曲：中田喜直、唄：高英男（1918-2009, サハリン生、1951年ソルボンヌ留学；中原淳一訳詩『枯葉』）Through the snowing street, through the snowing street passes memory only, footsteps only run after through the snowing street… ［ド］Durch die schneiende Strasse, durch die schneiende Strasse, geht nur Erinnerung vorbei, laufen nur die Schritte nach, durch die schneiende Strasse. ［フ］Sur la rue neigeante, sur la rue neigeante, ne passe que souvenir, courent seulement les pas après, sur la rue neigeante.

有楽町（Yurakucho）1957年、高度成長期の初期、有楽町に百貨店「そごう」の東京店が誕生した。低音の魅力フランク永井（1932-2008）の「あなたを待てば、雨が降る、濡れて来ぬかと、気にかかる、ああビルのほとりの、ティー・ルーム…」で始まる『有楽町で逢いましょう』Let's meet at Yurakucho. It's raining, while I'm waiting for you in the tearoom around the corner of the building, I'm afraid if you are wet in the rain…（吉田正作曲、佐伯孝夫作詞）の歌声とともに、夕暮れになると、若いカップルが群れをなした。

妖精と騎士オロフ（The Elf-Woman and Sir Olof）

　妖精の女（妖精の女王）が騎士オロフをダンスに誘うが、それを断ると毒矢を放つという物語である。この英語はカイトリー Thomas Keightley（1789-1872）の The Fairy Mythology（London, 1870, reprint 1975）の題であるが、デンマークのバラッドではElverskud（妖精の一撃）となっている。主人公のOlof, Oluf, Olavはanulaifar（先祖の末裔）の意味である。ここではデンマークのバラッドにならってOlufの綴り字をとる。

1. 騎士オルフ（Sir Olof, herr Oluf）は馬に乗って遠くへ出かける。自分の結婚式に人を招待するためである。途中、森の中ではダンスが軽やかに舞われている。

2. 騎士オルフが山に沿って行くと、そこでは妖精や小人が踊っていた。

3. ここかしこで、四人、五人と踊っていた。

4. 妖精の王の娘が自分から手を差しだす。「ね、オルフさん、私とダンスを踊っていただけません？」

5. 「私は、そんな勇気がありません、そんなことはできません。明日は私の結婚式なのですから。」

6. 「ね、聞いて、オルフさん、私と踊ってください！そうすれば、牡ヤギの皮の長靴を差し上げましょう。

7. 牡ヤギの皮の長靴はよく合いますよ。金の拍車がまわりについていますよ。（拍車のかかる魔力を指す）

8. 聞いてください、オルフさん、私と踊ってください。絹のシャツを差し上げましょう。

9．白くて肌触りがいいですよ。母が月明りで白くさらしたものです。」（月明りでシャツを漂白するのは、神話の世界の話である）

10．「私は、そんな勇気はありません。とてもできません。明日は私の結婚式ですから。」

11．「聞いてください、オルフさん、私と踊ってください。そうすれば金の塊を差し上げましょう。」

12．「金の塊ならいただけますが、あなたと踊ることはできません。」

13．「どうしても踊りたくないなら、毒と病気をうつしてやる！」

14．彼女は肩甲骨に毒矢を放った。彼の心臓の奥でズブリと音がした。

15．彼女は騎士オルフを血にそまったまま、馬に乗せた。「おまえの許嫁(いいなずけ)のもとに帰れ！」

16．騎士オルフがお城の門にたどり着くと、そこには母が立って待っていた。

17．「お聞き、オルフや、いとしい息子よ！　なぜお前のほほがそんなに青白いのか。」

18．「ほほが青白いのは、ぼくが妖精の女たちのダンスに居合わせたからかもしれません。」

19．「お聞き、オルフや、いとしい息子よ！　わたしは、お前の若い花嫁に何と答えればよいのか。」

20．「馬と犬の調教に森に行っていると伝えてください。」

21．翌朝早く、夜が明けると花嫁とその一行が到着した。

22. 人々は蜜酒（mead，北欧神話の酒）を注ぎワインを注いだ。「私のいとしい花婿オルフさんはどこですか。」
23. 「オルフは森に馬と犬の調教に行きました。」
24. 「オルフさんは若い花嫁よりも馬や犬のほうが大事なのでしょうか。」
25. 彼女は屋根裏を探し、隅々まで探した。そして、騎士オルフを青いふとんの上に見つけた。
26. 彼女が赤いカバーを取り上げると、そこに騎士オルフが横たわって死んでいた。
27. 彼女は赤い口を接吻して彼を思い出させた。すると、彼女はその瞬間に死んだ。毒がまわったのである。
28. 翌朝早く、夜明け前に、騎士オルフの屋敷には三つの死体があった。
29. 一人は騎士オルフ、二人目はその花嫁、三人目は彼の母親で、悲しみのあまり死んでしまった。しかし、森の中では、何ごともなかったかのように、ダンスが軽やかに続いている。

［注］妖精の女王がダンスを申し込んで断られると、毒矢で騎士オルフを刺し殺すという理不尽な内容だが、このバラッド（14世紀）のフェロー語版によると、二人はかつて一緒に暮らしていたらしい。フェロー諸島はスコットランドとアイスランドの間にある18の群島で、人口4万、デンマーク領で、フェローは「羊の島」の意味である。「妖精の一撃」はゲルマン諸語のほかに、フランス語、ブルトン語、チェコ語などの版もある。

ヨーロッパ語会話書（Europe Phrase Book）

1．ヨーロッパの14言語の会話書である。Europe Phrase Book. Lonely Planet Publications, Victoria, Australia, 3rd ed. 2001. 559頁。表紙にDon't just stand there, say something!「突っ立っていないで何かしゃべってごらん」と書いてある。14言語はバスク、カタラン、オランダ、フランス、ドイツ、ギリシア、アイルランド、イタリア、マルタ、ポルトガル、スコットランド・ゲール、スペイン、トルコ、ウェールズである。

巻頭にEurope Day（ヨーロッパデー）が5月9日であること。1950年5月9日、EU（European Union, ヨーロッパ連合）の創始者と見なされるフランス外務大臣ロベール・シューマンRobert Schumanが制定した、とある。EU共通の通貨ユーロEuroは2002年1月1日から開始したが、その記号€はギリシア文字エプシロン（ε）に横棒2本を加えたもので、通貨の安定を示すためである。ギリシアはヨーロッパ文明の発祥の地であるから。

1. Basque（バスク語）。言語人口は80万。系統不明の言語である。バスク地方（Basque Country, Euskalherria）はラテン名Vasconia, バスク名Euskalherriaで、スペイン4州、フランス3州からなる。政治的にはバスク自治共同体（Basque Autonomous Community, BAC）、ナバラ州（Navarre）、Iparralde（フランス領バスク州）の三つからなる。BACとNavarreではバスク語がスペイン語と並んで公用語として認められる。

「こんにちは」＝エグノン（Egun on, よい日を）。形容詞が名詞のあとにくる。egun 日；on よい。「おやすみなさい」＝ガボン（Gabon, よい夜を）＜ gau 夜。「ありがとう」＝エシュケルリク・アシュコ（Eskerrik asko）は「たくさんの感謝」の意味。esker「感謝」

　私は1974年10月から1975年2月まで、サラマンカ大学のミチェレナ先生 Prof.Dr.Luis Michelena（1915-1987）のもとでバスク語を学んだ。先生のお宅を訪ねたとき、ドアの入り口に Ongi etorri!（オンギ・エトルリ）とあった。ongi は「よく」、etorri「いらっしゃいました」は過去分詞で、スペイン語 bienvenido（bien 'well', venido 'come' 過去分詞）と同じ表現である。

2. Catalan（カタラン語）人口600万。ここから画家ダリや建築家ガウディが出ている。「夜」ラ nox, イ notte, ス noche に対して nit となる。2017年10月現在、住民が圧倒的に独立を望んでいるので、スペインは認めてやればよいのに。アイスランドは人口32万で独立国だ。

3. Irish（アイルランド語）の人口はアイルランド内の100万と北アイルランド内の14万。1922年独立以後、アイルランド語は初等教育と中等教育で必修科目。

4. ウェールズ（Wales, 言語人口50万）のウェールズ語は Cymru ['kəmri] で、州名 Cumbria と同様、原義は「同郷人」である（*kom-brogī）。Cymru「ウェールズ」の語源は *kom-brogos「国境地方」で、brogos「国」の語根 *merg-「国」は Denmark に見られる。

ラジオ深夜便（midnight radio program）

　以下、筆者が2001年12月23日、所沢市の防衛医大病院に入院中、ラジオで聞いた今道友信（1922-2012, 東京大学文学部哲学・美学教授）の「300マルク」と「ビフテキ料理」の要約を記す。
①300マルク（27,000円）。
　私が32歳（1955）のころは苦闘時代だった。私はミュンヘンに留学していた。ヴュルツブルク大学に非常勤講師の職を得たとき、私は嬉しくて、買いたい本をたくさん買って、任地のヴュルツブルクに赴いた。任期は秋学期からだったので、9月に大学の経理に行くと、「たしかに、あなたの名前はあるが、授業は11月からなので、11月になったら、9月にさかのぼって一緒に支給する」と言われた。しまった！　お金の残りはわずか23マルク（2000円）しかない。これで11月まで食いつがねばならない。毎日パンを1個食べた。なるべく身体を使わないように図書館で勉強した。しかし、ついにフラフラになった。ある日、顔見知りの大学講師（ドイツ人）が今晩うちにおいでよと誘ってくれた。お供をすると、貧しい部屋だった。ヨーグルトを食べなよと言って、くれたので食べた。そして、これは大事な本だから途中で開けないで、君の部屋に入ったら開けなさい、そして33ページを見なさい、と言って、新聞紙にくるんだ本を私に渡した。私はまだふらつく足をひきずって、15分ほどで自分の部屋に帰り着いた。中を見ると100マ

ルクの紙幣が3枚（27,000円）入っていた。そして「まず生きよ、それから哲学せよ（Primum vivere, deinde philosophāri）、返すのはいつでもよい」とラテン語で書いた紙片がはさんであった。助かった！　これだけあれば、生き延びられる。

②続き「ビフテキ料理」翌年、私はソルボンヌに非常勤の職を得た。当時は、パリの大学と言えば、ソルボンヌだけだった。週に一度くらいは、まともな食事をしようと、土曜日の夕食はレストランで食事した。そのレストランは母娘の経営で、席は15ほどの小さなものだった。第三土曜日になると、給料前なので、いつもオムレツを注文した。ある土曜日、私を見て、今日はオムレツだなと察した母（経営者）は、注文の品を私に届けたあと、しばらくして、「これ注文を受け間違えましたので」とビフテキの食事を持って来た。そこは通いなれた店なのでだれが何を注文するか、私にも、およその見当はついていた。そんな上等のものを注文する人が来れば、私にだって分かる。だが、その日はそんな客はいなかった。遠慮したが、二度言うので、好意に甘えることにした。私は感動のあまり、涙をおさえることが出来なかった。その涙が料理の上に落ちたがそのまま食べた。

［注］今道友信は1958年、東京大学文学部専任講師となり、やがて教授になって、哲学と美学を担当した。1967年の東大紛争のときは文学部長として学生たちと渡り合った。1986年に紫綬褒章を受章した。

羅生門（Rashōmon）芥川龍之介の短編小説（1915）。

　雨の降る日、一人の男が奈良にある羅生門の下にたたずんでいた。長年仕えた主人からクビを言い渡され、途方にくれていたのだ。飢え死にするか盗人になるしかないな。だが、盗人になる勇気がなかった。夜になったので、寒さをしのぐために、羅生門の楼に上ろうと、梯子を上った。門の上には、いくつもの死体が捨てられていた。すると、一人の老婆が死体の長い髪の毛を抜いているではないか。男は何をしているのだ、と老婆に尋ねた。老婆は「死体の髪の毛を抜いて、鬘(かつら)を作ろうとしているのだ。この死体の女は、生きるために蛇(へび)を干し魚だと言って売っていた。だから、自分の行為も大目に見てくれるだろう」と言った。これを聞いて、男は勇気がわいた。

　男は、老婆の着物を剥ぎ取った。「おれもこうしなければ飢え死にしてしまうのだ」と言いながら、あっけに見とれている老婆をしり目に、梯子を駆け下りて行った。

　『今昔物語集』に取材し、荒廃した王朝末期の、人間のエゴイズムを描いている。老婆も男も。

ラルース・フランス語辞典

　Le Petit Larousse Illustré（en couleurs）. Paris, Larousse, 2005. 1,856pp.（2006年、紀伊国屋洋書部で購入した；6,300円）。広辞苑や英語のC.O.D.やパウルのドイツ語辞典と同様、国民的な辞書である。ラルースの愛される理由は美しい紙と美しい多数のカラー図版である。花や動植物や地図はとても美しく、見るだけでも楽

しい。簡単だが語源もある。日本語借用語はbonsaï, geisha, haiku, ikebana, kabuki, kaki（柿）, mousmé（娘）, koto, sumo, sushiなど72語が載っている。mousméはPierre Loti（1887）に初めて用いられ、Proustの『失われた時を求めて』にElle a l'air d'une petite mousmé（彼女は幼い娘のような風情をしている）とある。

人名・地名が充実。Koizumi Junichiro（1942-）, Miyake Issei（1938-）, Nakasone Yasuhiro（1918-）, Sato Eisaku（1901-1975）, Machida, Matsushima, Tokorozawaなど。

辞書中綴じの「世界の中フランス語」の分布図にフランス語人口francophonesは1億1500万、うち部分的話者francophones partiels 6000万とある。

中綴じ「地球：生きている惑星」（30頁）地球の歴史、気候、汚染、資源の乱開発、絶滅危惧種が解説される。

鯉魚(りぎょ)（The Carp）岡本かの子著。

昭(しょう)という少年は18歳、京都の臨川寺(りんせんじ)で修行中であった。5月のある朝、大堰川(おおい)の鯉たちのエサに生飯(さば)を与えようと、川のほとりに来ると、一人の女性が倒れていた。

どうなさったのですかと声をかけると、私は早百合姫(さゆりひめ)と申します。昨日から何も食べていません。水を飲もうとしゃがんだまま、気を失ってしまいました、との返事。

それでは、これは鯉に与える生飯(さば)ですが、こんなものでよろしかったら、お召し上がりください。

生飯と水をいただき、やっと気を取り戻した娘は、身の上を語った。私は京都のお城に住んでおりましたが、

父は戦に出たまま帰ってまいりません。一人取り残された私は、命からがら逃げて来ました。青年は、とりあえず池のほとりに停泊していた小舟に休ませた。生飯のほかに、自分の果物やお菓子も持参して与えた。まわりを気にしながら、二人だけの逢瀬(おうせ)を重ねていたのである。当然、17歳の姫と18歳の青年の間に恋が芽生えた。

　ある日、あまりに暑いので、水浴びをしていた二人は寺の小僧たちに発見されてしまった。青年は裸のまま、寺に連れ戻された。僧侶が尋ねた。一緒にいた相手は誰か。自分はともかく、姫まで巻き添えにはできない。昭は鯉魚です、と答えたが、小僧たちは納得しなかった。

　その後、二人は別れたまま、昭は僧侶となり鯉魚庵を建て修行に励(はげ)んだ。姫は幼少から教養と芸を身につけていたので、京都に戻り歌と舞の名手になった。

輪廻（rinne）仏教用語。人間は誕生から生を享受し、苦労を体験し、死に至るが、その後、再生する。サンスクリット語sam-sāra(サンサーラ)「共・流」は誕生birth→享受と苦労enjoy and suffering→死death→再生rebirth. samは「一緒に」ド zusammen, サ sāra「流れ」sar-「流れる」

礼儀（politeness）[Chamberlain, B.H.] 日本人の礼儀正しさは心からくるものだ（la politesse qui vient du cœur）。お辞儀やほほえみよりも深いものがある。日本に30年以上暮らした私は確信をもってそう言える。とくに低い階級の人たちは真の親切さに根ざしている。

連濁（rendaku, sequential voicing, ド die Erweichung

des Anlauts im zweiten Kompositionsglied) アマ・ド、アマ・ガサ、ヒト・ビト、カネ・ガネ、オー・バン、コ・バン。大島（Ōshima）と小島（Kojima）を比べると、シとジの違いがある。藤島（Fujishima）と硫黄島（Iōjima）、太田（Ōta）と小田（Oda）、高田はTakataとTakadaがあり、高田馬場はTakadanobabaである。

老犬スルタン（Old Sultan）グリム童話KHM48

スルタンはトルコの皇帝の意味ですが、その名のイヌがいました。農夫に長い間仕えていましたが、年老いたので、射殺されることになりました、友人のオオカミに相談すると、よい知恵をくれました。農夫が畑で仕事をしている間に、ぼくが赤ん坊をさらって逃げるから、きみがあとから追いかけて、赤ん坊を取り戻しなよ。作戦は、早速、実行されました。農夫は老犬に感謝して、その後も大事に扱いました。

ローマ（Roma）はギリシアのアテネとともに、ヨーロッパ文明の発祥地であった。ローマ帝国（imperium Romanum, Roman Empire）はヨーロッパ全土に及ばんとしたが、唯一の強力な抵抗はゲルマン民族であった。Rome was not built in a day（ローマは1日にして成らず）のラテン語Rōma nōn in ūnā diē condita est. はセルバンテスが出典とされる。フランスでは「パリは一日にして成らず」、ロシアでは「モスクワは一日にして成らず」、スペインでは「サモラの城は一時間で陥落せず」という。Zamoraはスペイン北西部の城で、1072年の故事。

次のラテン語は前から読んでも後から読んでも同じ（回文palindrome）である。Roma ibit subito motibus tibi amor. 汝の愛するローマは、やがて動乱によって崩壊するだろう。5世紀の聖シドニウス・アポリナリス作。

ロシア語読本（ボワイエとスペランスキの）Manuel pour l'étude de la langue russe. Paris, A.Colin, 1905. 私の手元にあるのは英訳版で、Russian Reader. Accented texts, grammatical & explanatory notes, vocabulary.

　最初のテキスト「リスとオオカミ」のあらすじ。オオカミがリスをつかまえた。質問に答えられたら、放免してやるぞ。「おまえは、なぜそんなに陽気なんだ。おれは退屈でたまらんのだ」。すると、リスが答える。「あなたは、わるい心をもっているから、退屈なんですよ。ぼくらは善良だから、陽気なのです」。

　著者はPaul Boyer（1864-1949；パリ東洋語学校教授1908-1936）およびN.Spéranski（もと東洋語学校教師instructor）。英訳者はS.N.Harper（シカゴ大学助教授）。シカゴ大学、1906, 1918[4]. テキスト29編、脚注243-305, 索引309-320, 語彙（ロシア語・英語）321-381.

　都市の名Leningrad（レーニンの町）とNovgorod（新しい町）に見えるgradとgorodの相違は、gradは教会スラヴ語であるのに対してgorodはロシア語。raに対しoroの形はpolnoglasie（母音重複full-vowelness）と呼ばれる。glas「声」その派生語glas-nyj「母音」glas-nost'「情報公開」に対してg-olo-s「声」

ロシア旅行 （A Trip to Russia） ミュンヒハウゼン

セイロンにおじさんと旅行（p.30）したあと、冬に、ぼくはロシアに旅した。ドイツとポーランドの道はひどいと聞いていた。ぼくは馬で行くことにした。馬車だと御者をやとわねばならぬし、御者は酒場を通ると、必ず一杯おごれよ、と要求する。だから、馬にした。

夜になってしまった。あたり一面が雪で、道が見えない。村も見えない。疲れたので、馬からおりた。馬をつなぐ木がないか、あたりを見回すと、雪の中にとがった棒が見えたので、馬をそこにつないでおいた。身を守るために、ピストルを腕の下において、眠った。ぐっすり寝た。翌日、目を覚ますと、もう昼間だった。

驚いたことに、ぼくは村の教会の中庭にいた。挿絵の下をごらんなさい。ピストルをもったぼくが見えるでしょう。ドイツ語でder Kirchhof［キルヒ・ホーフ］と書いてある。derは定冠詞、Kirch-は教会の、hofは中庭で、教会の中庭とは「お墓」の意味なのです。

昨晩、ここに着いたときには、村全体が雪の下にうまっていたのだ。雪がとけて、ぼくはずんずん下に沈んで行き、地面に着いた。さて、ぼくの馬は？ 驚くなかれ、教会の塔の先端に吊るさがっているではないか。やあ、馬くん、ごめんね。ぼくはピストルで綱を切って、馬をおろしてから介抱してやり、旅を続けた。挿絵に見えるドイツ語der Kirchturm［キルヒ・トゥルム］は 'the church tower'「教会の塔」の意味です。（続きはp.124）

［雪が溶けて、馬は教会の塔にぶらさがっていた］

ロビンソン・クルーソー（Robinson Crusoe）は無人島に26年間（six and twenty years）暮らした。のちに命を助けたフライデーも加わった。この島はベネズエラのTrinidad and Tobago（人口合わせて130万）のトバゴ（面積は320平方キロ、東京都23区の半分）とされる。クルーソーの父はドイツの出身で、クロイツネーア（Kreutznaer）と言った。これは十字路（Kreuz, 英語cross）に住む人の意味である。父は英国のハル（Hull）に来て、ここで私の母と結婚した。父は、外国へなぞ行かないで、故郷で一緒に暮らそう、と言ったのに、私は従わなかった。「26年」＝「6＋20年」という言い方は古い英語の順序で、ドイツ語はいまもその順序である。

ワープロ（word processor）原稿は昔「手で」manu「書いたもの」scriptだったが、タイプライターが発明されてtypescriptになった。ワープロ時代になると、漢字を忘れても、機械が助けてくれる。だが、機械が利口すぎて困ることもある。デンマーク語のi ('in') を打つと、I（私）が出る。ロシア語のi ('and') も同じ。フランス語dont ('whose, of which') を打つとdon'tが出る。dontの語源はラテン語de unde 'from where'.

ワインとビール（Wine and beer）

　ワインもビールも世界共通の嗜好品である。だから、民族の相違を越え、国境を越えて、世界中に広まる。

　ワインはギリシア語oinos（オイノス）からラテン語vīnum（ウィーヌム）に入り、そこから全ヨーロッパに

広まった。oinosは紀元前二千年紀にギリシア人が先住民から借用した、地中海文明語である。

英語の場合はラテン語のウィーヌムが古代英語にwin（ウィーン）として借用され、長母音īが近代英語の時代に［ai］と二重母音になってwine［wain］となり、これが日本語に輸入されてワインとなった。īがaiになるのは古い英語ī「私」がI［ai］になるのと同じである。

日本語のビールは鎖国時代にオランダ語bierから入ってきたので語尾のrが発音されて借用された。ビアガーデンのような場合は、英語からなので、rの音がない。

早稲田大学（Waseda）私（五木寛之, 1932-）は早稲田大学受験のために、博多から東京まで鈍行で3日かけて行った。父はピョンヤンで師範学校の教師をしていたので、戦前は、余裕のある生活をしていたが、終戦（1945）で、状況は一転した。復員して一家は博多に落ち着いたが、高校時代は、アルバイトで大変だった。

当時は特急でも大阪まで12時間、そこからさらに特急で東京まで12時間かかった。希望の文学部露文科に合格したのはよいが、早速、今晩の宿を決めねばならぬ。早稲田大学文学部の地下室で寝ようとしたら、警備員にダメと言われた。しかたなく、近くの神社の軒下で寝た。翌日、学生援護会に行って、宿つきのアルバイトを探したら、思ったより早く見つかった。業界紙運搬と仕分けの仕事で、午前3時半、椎名町から上野まで、10人が自転車で行った。人も車もなく、いたるところから

音楽が聞こえてきた。この仕事は1年でやめた。その後、田原総一朗が自分のあとにアルバイトに来た。地方から来た学生は、みな貧しかった。三年になったとき、授業料が払えないので、事務室に「中退します」と届けたら「二年分の授業料を払ったら中退できます」との返事。

やっと物書きで食べられるようになったとき、ある宴会で一人の立派な紳士が私のところに来た。「五木寛之さんですか」「はい」「二年分の授業料を払っていただければ中退の手続きをとります」「はい、では、よろしくお願いします。」紳士は早稲田大学の総長だった。

渡部昇一（Shoichi Watanabe, 1930-2017）上智大学英語学名誉教授、評論家。英文法史を扱ったドイツ・ミュンスター大学提出のドイツ語で書かれた博士論文（最優秀 summa cum laude, 1958）は『英語学史』（大修館書店 1975）として出版された。日本ビブリオフィル協会会長。1万5千冊の private library は世界一と言われる。『青春の読書』（東京ワック, 2015）は614頁の大著で稀覯本、言語学界、英語学界の巨人を紹介している。

北原白秋「蕗の薹（ふきのたう）」（p.153）

あとがき（エピローグ）

　書名『教養読本』は、多少、おおげさに響くかもしれないが、私が高校（立川高校）2年のとき、初めて教わったドイツ語の読本が『一般教養のためのドイツ語読本』（Deutsches Lesebuch zur allgemeinen Bildung）という本だった。この書名は、それを借りたものである。

　アンデルセン、グリム、トルストイ、美の壺（p.160）など、私にとって、みな血となり肉となった。

［ピックアップ項目］⑥Sōseki sanbō（漱石山房，p.115）；⑦Sōseki文士の生活（p.129）；⑧蜂谷弥三郎、無実のスパイ容疑でシベリア抑留50年（p.153）；⑨人間に与えられていないものは何か。それは「人はいつ死ぬか」「死の時」time of deathである（p.158）；⑩まず生きよ、それから哲学せよ（p.188）

著者プロフィール

下宮 忠雄 (しもみや ただお)

1935年東京生まれ。ゲルマン語学・比較言語学専攻。早稲田大学、東京教育大学大学院、ボン大学、サラマンカ大学に学ぶ。2005年、学習院大学名誉教授。2010年、文学博士。主著：バスク語入門 (1979)；ノルウェー語四週間 (1993)；ドイツ・西欧 ことわざ・名句小辞典 (1994)；歴史比較言語学入門 (1999)；グリム童話・伝説・神話・文法小辞典 (2009)；デンマーク語入門（第2版 2017)；オランダ語入門 (2017) など、他多数。

教養読本 A Cultural Reader

2018年11月15日 初版第1刷発行

著　者　下宮 忠雄
発行者　瓜谷 綱延
発行所　株式会社文芸社
　　　　〒160-0022　東京都新宿区新宿1-10-1
　　　　　　　　電話　03-5369-3060（代表）
　　　　　　　　　　　03-5369-2299（販売）

印　刷　株式会社文芸社
製本所　株式会社本村

©Tadao Shimomiya 2018 Printed in Japan
乱丁本・落丁本はお手数ですが小社販売部宛にお送りください。
送料小社負担にてお取り替えいたします。
本書の一部、あるいは全部を無断で複写・複製・転載・放映、データ配信することは、法律で認められた場合を除き、著作権の侵害となります。
ISBN978-4-286-19419-6